Wir freuen uns über Ihr Interesse an diesem Buch. Gerne stellen wir Ihnen zusätzliche
Informationen zu diesem Programmsegment zur Verfügung.

Bitte sprechen Sie uns an:

E-Mail: WALHALLA@WALHALLA.de
http://www.WALHALLA.de

Walhalla Fachverlag · Haus an der Eisernen Brücke · 93042 Regensburg

Telefon 0941 5684-0 · Telefax 0941 5684-111

Gabriele Hertlein

Team-Arbeit

kreativ und

effektiv gestalten

Team-Besprechungen erfolgreich führen
Methoden für Krippe, Kindergarten, Hort und Heim

Bibliografische Information der Deutschen Nationalbibliothek

Die Deutsche Nationalbibliothek verzeichnet diese Publikation in der Deutschen Nationalbibliografie; detaillierte bibliografische Daten sind im Internet über http://dnb.dnb.de abrufbar.

Zitiervorschlag:
Gabriele Hertlein, Team-Arbeit kreativ und effektiv gestalten
Walhalla Fachverlag, Regensburg 2015

Produktion: Walhalla Fachverlag, 93042 Regensburg
Umschlaggestaltung: grubergrafik, Augsburg
Printed in Germany
ISBN 978-3-8029-8421-1

SBL-KDM-0115-19975-O

Schnellübersicht

CD-ROM: Alle Inhalte auf einen Blick

 Befindet sich dieses Zeichen vor einem Textteil, bedeutet dies, dass er Ihnen auf der CD-ROM zum Ausdrucken zur Verfügung steht.

Rollen im Team
Rollen, Rollenverhalten, Persönlichkeitscharakteristika und RolleninhaberIn

Team-Arbeit
Voraussetzungen für eine erfolgreiche Team-Arbeit (Einschätzungsbogen)
Aufgaben der Team-Mitglieder hinsichtlich der Zielerreichung
Aufgaben der Team-Leitung

Leitbild- und Profilentwicklung
Zu klärende Inhalte eines Leitbilds

Qualitätsmanagement
Fragen zur Ist-Analyse

Aufgabenplanung
Checkliste: Einführung der Entwicklungsportfolios

Team-Besprechungen
Planungsbesprechung Experten-Team
Planungsaufgaben – Planung der Team-Besprechungen
Vorbereitung der Team-Besprechungen
Verlaufsprotokoll (Vorlage)
Ergebnisprotokoll (Vorlage)
Ergebnisprotokoll: Team-Gespräche zur Einführung von Portfolios (Vorlage)
Protokollführung (Liste: Wer wann welche Art von Protokoll geführt hat)
Aufgaben bei der Leitung von Team-Besprechungen
Team-Konstellation und Gesprächsführung
Aufgaben einer ModeratorIn

Methoden zur Gestaltung von Team-Besprechungen
Methoden zur Begrüßung
Methoden zum Warming-up und zum Einstieg in das Thema
Methoden zur Sammlung von Themen
Methoden zur Festlegung von Themen
Methoden zur Sammlung von Ideen
Methoden zur Bearbeitung von Themen
Methoden für den Austausch
Methoden für die Arbeit in Kleingruppen
Methoden zur Behandlung von Problemen
Methoden, um Entscheidungen zu finden
Methoden zur Feststellung der Befindlichkeit der Team-Mitglieder
Feedbackmethoden

Methoden zur Reflexion

Methoden zur Auswertung

Methoden zur Verabschiedung

Fallbesprechungen

Falldarstellung

Assoziative Fallbesprechung im Team

Kollegiale Supervision

Methoden zur Gestaltung kollegialer Supervisionen

Reflexion

Reflexion einer Team-Besprechung (Einschätzungsbogen)

Aufgaben des Teams

Gespräche zur Zielerreichung

Zuständigkeiten für Elterngespräche

Fragen zur Planung der Team-Arbeit

Planungsbogen: Wer macht was bis wann?

Absprachen zur Weitergabe von Informationen

Praktische Team-Arbeit

Markt der Ideen mal anders

Feedbackregeln

Feedbackinhalte zum sprachförderlichen Verhalten im Umgang mit Kindern

Feedbackmethoden im KollegInnenkreis

Vorwort

Die Zusammenarbeit im Team stellt eine wesentliche Grundlage für die Qualität der Arbeit in Ihrer Einrichtung dar. Somit kommt der Team-Arbeit eine hohe Bedeutung zu.

In diesem Buch erfahren Sie neben kurzen theoretischen Inputs, welche Faktoren die Team-Arbeit beeinflussen. Sie erhalten Checklisten zur Einschätzung von Rollen und von Voraussetzungen für eine erfolgreiche Team-Arbeit sowie zur Einführung von Entwicklungsportfolios.

Fragen zur Ist-Analyse im Team und Übersichten zur Vorbereitung, Durchführung und Reflexion von Planungs- und Team-Besprechungen erleichtern Ihnen diese Aufgaben. Die Protokollvorlagen für Verlaufs- und Ergebnisprotokolle stehen Ihnen zum Ausdrucken und für den direkten Einsatz zur Verfügung.

Die vielfältigen empfohlenen Methoden können Sie zur kreativen und effektiven Gestaltung von Team-Besprechungen mit unterschiedlichsten Inhalten individuell umsetzen. Dadurch ist es möglich, die zur Verfügung stehende Zeit für die Team-Arbeit zielgerichtet und gewinnbringend zu nutzen. Dies trägt zu einer höheren Zufriedenheit der Team-Mitglieder und zur Optimierung der Qualität sowohl der Team-Arbeit als auch der gesamten Aufgabenbereiche in Ihrer Einrichtung bei.

Zur Arbeitserleichterung und Zeitersparnis können Sie die Übersichten, Checklisten, Vorlagen und Einschätzungsbogen auf der CD-ROM ausdrucken und kopieren, sodass Sie diese gleich einsetzen können.

Gabriele Hertlein

Gabriele Hertlein
Erzieherin und Diplom-Sozialpädagogin
theologisches Zusatzstudium
Montessori- und Gestalt-Pädagogin
Gestalt-Beraterin
Sprachberaterin
Integrative Gesprächsführung nach C. Rogers & M. Erickson
NLP Practitioner Master (DVNLP)

Aus- und Weiterbildung pädagogischer Fachkräfte
Beratung, Supervision und Coaching
Fachbuchautorin

Das Team

Der Begriff Team

Der englische Begriff Team bedeutet Mannschaft, Arbeitsgemeinschaft. Ein Team ist eine Gruppe von Menschen mit speziellen Qualifikationen, die sich bewusst zusammengeschlossen haben, um eine gemeinsame Aufgabe zu erfüllen und ein Ziel bzw. mehrere Ziele zu erreichen, denen sie sich verpflichtet haben, und die daran Freude haben.

Die Team-Mitglieder, die in einer engen Beziehung zueinander stehen, koordinieren ihre Arbeit und kooperieren, wobei jedes Team-Mitglied seine individuellen Stärken und Fähigkeiten einbringt, um im Team einen gemeinsamen Erfolg erzielen zu können.

Weil jedes Team-Mitglied anders ist, entsteht eine Dynamik im Team. Die Mitglieder motivieren sich untereinander und spornen sich gegenseitig an. Innerhalb des Teams ist eine bestimmte Struktur gegeben, die z. B. von zu lösenden Aufgaben, der Organisation, der Leitung, der Aufgabenverteilung, vom Arbeitsstil und Rollenverständnis charakterisiert wird.

In jedem Team herrscht eine individuelle Atmosphäre und Team-Geist. Beides wird beispielsweise bestimmt von der Art der Leitung, der Persönlichkeit der Team-Mitglieder und der Gestaltung des Zusammenseins. Den Zusammenhalt eines Teams bezeichnet man als Kohäsion; er spiegelt sich u. a. in einem Wir-Gefühl.

Um den Anforderungen und den Kriterien der Team-Arbeit gerecht werden zu können, kann ein Team nur eine begrenzte Anzahl von Team-Mitgliedern haben. Hat ein Team mehr als zehn Team-Mitglieder, sollten untergliederte Teams gebildet werden, die wiederum miteinander kooperieren, z. B. in Form von VertreterInnen der einzelnen Teil-Teams.

Team-Konstellationen

In einem Team sind verschiedene Konstellationen denkbar, z. B.

- das Gesamt-Team, zu dem alle MitarbeiterInnen einer Einrichtung gehören,

- die Abteilungs-Teams, z. B. in einer Einrichtung mit Krippe, Kindergarten und Hort,

- die Gruppen-Teams, bestehend aus den Team-Mitgliedern, die in einer Gruppe zusammenarbeiten,

- die Experten- oder Fach-Teams, beispielsweise der Team-Mitglieder, die für einen besonderen Bereich zuständig sind, beispielsweise für die Sprachförderung,

- die Teams, die eine ganz bestimmte Aufgabe übernehmen, z. B. ein Planungsvorhaben oder die Umgestaltung des Gartens,

- die Projekt-Teams, die Themen oder Aufgaben bearbeiten, beispielsweise die Überarbeitung der Konzeption oder des Leitbilds der Einrichtung und

- die Teams mit externen Fachleuten, beispielsweise mit einer Logopädin oder Krankengymnastin.

Ein Team-Mitglied kann sowohl dem Gesamt-Team als auch weiteren Teams, wie einem Gruppen-Team und einem Experten-Team, angehören.

Vorgaben und Regeln

Um im Team ein geregeltes und angenehmes Zusammenleben gewährleisten und Aufgaben reibungsfrei ausüben zu können, müssen die Team-Mitglieder bestimmte Vorgaben und Regeln einhalten.

Gesetzliche Vorgaben

- das Kinder- und Jugendhilfegesetz (z. B. § 8a KJHG i. V. m. AV BayKiBiG § 3 Kindeswohlgefährdung)

- das Kinder- und Bildungsgesetz des jeweiligen Bundeslandes (z. B. Art. 19 BayKiBiG: Fördervoraussetzungen für Kindertageseinrichtungen; Art. 14 BayKiBiG: Zusammenarbeit der Kindertageseinrichtungen mit den Eltern)

- die Leitlinien der Bundesländer für die pädagogische Arbeit (z. B. „Gemeinsam Verantwortung tragen. Bayerische Leitlinien für die Bildung und Erziehung von Kindern bis zum Ende der Grundschulzeit")

- der Bildungsplan bzw. die Hort- und Heimrichtlinien des jeweiligen Bundeslandes

- das Grundgesetz (z. B. Art. 6 Abs. 2 GG: Erziehungsrecht der Eltern)

- das Sozialhilfegesetz (z. B. § 13 SGB XII Leistungen für Einrichtungen, Vorrang anderer Leistungen)

- die Aufsichtspflicht (§ 832 BGB)

- der Datenschutz – das Recht auf informationelle Selbstbestimmung (z. B. Allgemeines Persönlichkeitsrecht, Art. 2 Abs. 1 GG i. V. m. Art. 1 Abs. 1 GG; Schutz personenbezogener Daten, Art. 8 der EU-Grundrechtecharta)

- die Schweigepflicht (z. B. Pflicht zur Verschwiegenheit für Arbeitnehmer als Nebenpflicht aus dem Arbeitsvertrag bezüglich betrieblicher Geheimnisse aufgrund von Treu und Glauben gemäß § 242 BGB

Vorgaben seitens des Trägers

- bezüglich seiner weltanschaulichen oder religiösen Ausrichtung (z. B. Postulat zur positiven Gestaltung der Lebensbedingungen von Familien, zum Ausgleich sozialer Benachteiligung und zur Ermöglichung von Chancengleichheit; christliche Erziehung in Kindertageseinrichtungen katholischer oder evangelischer Träger)

- hinsichtlich der Schwerpunkte des Trägers (z. B. Solidarität, Toleranz, Freiheit, Gleichheit und Gerechtigkeit in pädagogischen Einrichtungen der Arbeiterwohlfahrt)

- bezogen auf Grundlagen der pädagogischen Arbeit (z. B. Berliner Bildungsprogramm)

Konzeptionelle Vorgaben

- pädagogische Handlungsansätze, die der pädagogischen Arbeit zugrunde liegen (z. B. Situationsansatz, Montessori-Pädagogik, Reggio-Pädagogik, ko-konstruktiver Ansatz nach Lew Wygotzky)

- pädagogische Arbeitsweisen (z. B. Gestaltung der Eingewöhnungszeit, Gestaltung des Übertritts vom Kindergarten in die Schule)

- methodisch-didaktische Ansätze (z. B. offenes Arbeiten, Projektarbeit, Partizipation, Ko-Konstruktion)

- Kooperation mit externen Fachleuten (z. B. mit LogopädInnen, MotopädagogInnen, PhysiotherapeutInnen, Gestalt-TherapeutInnen, Reit-TherapeutInnen)

Grundsätzliche Regeln der Zusammenarbeit im Team

- Team-Geist

- Kooperation

- Aufgabenteilung

- fachlicher Austausch

- Solidarität

Regeln für den Umgang miteinander

- Fairness

- Offenheit

- Akzeptanz

- gegenseitige Unterstützung und Ergänzung

- Vertraulichkeit

Gesprächsregeln

- eine wertschätzende, einfühlsame und ehrliche Grundhaltung einnehmen

- Gesprächsinhalte je nach GesprächsteilnehmerInnen auswählen und an die Situation anpassen

- passende Methoden zur Gestaltung des Gesprächs auswählen und einsetzen

- eine sachkundige und gewandte Gesprächsführung leisten

- die Verantwortung für sich übernehmen und den anderen deren Verantwortung übergeben

- den Bezug aller GesprächsteilnehmerInnen zum Gespräch herstellen

- alle aktiv am Gespräch beteiligen
- eigenständig Gesprächsbeiträge einbringen
- zu Gesprächsbeiträgen und Engagement anleiten
- aktives Hinhören praktizieren
- Redezeiten einhalten
- Themen, Inhalte, Probleme, Auffälligkeiten, Konflikte u.s.w. direkt und konkret ansprechen
- das Ziel des Gespräches direkt ansteuern
- beim Thema bleiben
- für sich und in Ich-Botschaften sprechen
- positive und sachliche Formulierungen verwenden
- sich gegenseitig direkt ansprechen
- Rückkopplung suchen, um zu erfassen, ob man das Gesagte richtig verstanden hat
- positiv und wertschätzend auf die GesprächspartnerInnen eingehen
- andere Sichtweisen und Argumente anerkennen
- das Thema bzw. die Lösung gemeinsam mit den anderen GesprächspartnerInnen erarbeiten
- so realistisch wie möglich sein
- auf Störungen angemessen eingehen
- Verschwiegenheit gewährleisten – persönliche und vertrauliche Äußerungen bleiben unter den GesprächspartnerInnen
- die Einhaltung der Gesprächsregeln einfordern
- das Gespräch abrunden, beispielsweise mittels einer Zusammenfassung, eines Ausblicks, einer Metakommunikation

Regeln für den Umgang mit den Kindern bzw. Jugendlichen und deren Eltern

- Akzeptanz
- Vorurteilsfreiheit
- Höflichkeit
- förderndes Verhalten
- sich füreinander Zeit nehmen

Regeln für die Ausübung bestimmter Aufgaben

Die folgenden Regeln sollten beispielsweise bei der Bildungs- und Erziehungspartnerschaft mit den Eltern sowie bei der Öffentlichkeits- und Gemeinwesenarbeit berücksichtigt werden:

- konkrete Absprachen im Team treffen und einhalten
- adressatenorientiert arbeiten
- als AnsprechpartnerIn eine offene Haltung verwirklichen
- die Aufgaben fachkompetent ausführen
- verlässlich sein

All diese Vorgaben und Regeln sind

- im Team auf ihren Sinngehalt und ihre Angemessenheit hin zu überprüfen,
- konkret und auf die entsprechenden Anlässe hin zu formulieren,
- unter Einigkeit im Team festzulegen,
- neuen MitarbeiterInnen und sonstigen Betroffenen zu vermitteln,
- bei den entsprechenden Anlässen umzusetzen,
- regelmäßig bezogen auf ihre Erfordernis und ihre Umsetzung hin zu reflektieren und
- ggf. zu aktualisieren.

Rollen im Team

Rollen beschreiben die Funktion, die Position oder die Aufgabenstellung, die Personen in einer Gruppe bzw. in einem Team haben, ebenso die Verhaltensanforderungen, die dabei an sie gestellt werden.

Es gibt beispielsweise Rollen, die die Team-Mitglieder im Rahmen ihrer Team-Arbeit bezogen auf ihre Position, ihre Aufgaben und ihre Eignungs- und Leistungsschwerpunkte einnehmen bzw. ihnen von der Team-Leitung oder von den anderen Team-Mitgliedern zugeteilt werden, wie beispielsweise

- Team-Leitung,
- Abteilungsleitung,
- Gruppenleitung,
- Anleitung von PraktikantInnen und
- ÖffentlichkeitssprecherIn.

Die prozesshafte Entwicklung einer Gruppe bzw. eines Teams vollzieht sich gemäß der Gruppenphasen. Während der Machtkampfphase bilden sich weitere informelle Rollen heraus, die die Dynamik im Team und das Zusammenleben und -arbeiten genauso beeinflussen wie die oben beschriebenen formellen Rollen. Natürlich besitzt jedes Team-Mitglied neben der am intensivsten ausgeprägten Rolle auch Anteile anderer Rollen.

Die folgende Übersicht hilft Ihnen bei der Einschätzung, welche dieser informellen Rollen Sie selbst einnehmen, welche weiteren Verhaltensweisen und Charakteristika auf Sie zutreffen und welche Rollen die Mitglieder Ihres Teams innehaben (s. Spalte „RolleninhaberIn"). Diese Selbstreflexion lässt sich weiterführen, indem Sie Ihr Rollenverhalten kritisch einschätzen und ggf. konkrete Veränderungen für Ihr Mitwirken im Team planen.

Handlungsorientierte Rollen			
Rolle	**Rollenverhalten**	**Persönlichkeits-charakteristika**	**RolleninhaberIn**
MacherIn	▪ formuliert Ziele ▪ schafft Klarheit ▪ stellt Prioritäten auf ▪ steuert Gespräche ▪ setzt Impulse ▪ fordert Entscheidungen ▪ ergreift die Initiative ▪ überwindet Hindernisse ▪ handelt ergebnisorientiert	▪ Mut ▪ Dynamik ▪ Durchsetzungsvermögen ▪ Stressresistenz	
UmsetzerIn	▪ setzt Pläne, Ideen, Vorhaben und Konzepte in die Tat um ▪ nutzt praktikable Arbeitsabläufe ▪ optimiert Arbeitsprozesse ▪ geht systematisch und effizient vor	▪ Pflichtbewusstsein ▪ Disziplin ▪ Verlässlichkeit ▪ Organisationstalent ▪ praktische Veranlagung ▪ Effektivität	
PerfektionistIn	▪ setzt sich für eine hohe Arbeitsqualität ein ▪ stellt optimale Ergebnisse sicher ▪ findet Schwachstellen heraus ▪ achtet auf Fehlervermeidung und -behebung	▪ Genauigkeit ▪ Gewissenhaftigkeit ▪ Disziplin ▪ Selbstständigkeit ▪ Pünktlichkeit ▪ Durchhaltevermögen	

Kommunikationsorientierte Rollen

Rolle	Rollenverhalten	Persönlichkeits-charakteristika	RolleninhaberIn
KoordinatorIn/ IntegratorIn	■ steuert das Team ■ arbeitet auf die Ziel-erreichung hin ■ achtet auf optimale Ressourcennutzung ■ fördert Entscheidungs-prozesse ■ vergibt Aufgaben gemäß der Stärken der Team-Mitglieder ■ fasst Ergebnisse zusammen ■ hält Entscheidungen fest	■ Selbstsicherheit ■ Über- und Weitblick ■ systematisches Denken und Handeln ■ Vertrauenswürdigkeit ■ Wahrnehmungsfähigkeit ■ Delegationsfähigkeit	
Team-ArbeiterIn/ MitspielerIn	■ fördert den Team-Geist und das Wir-Gefühl ■ verbessert die Kommuni-kation ■ unterstützt die KollegInnen ■ zielt auf Team-Ergebnisse und Zufriedenheit aller ab ■ agiert ausgleichend ■ baut Reibungen ab ■ würdigt die Leistungen der KollegInnen	■ Empathie ■ Einfühlungsvermögen ■ Wertschätzung ■ Aufmerksamkeit ■ Kooperationsbereitschaft ■ Diplomatie	
WegbereiterIn/ WeichenstellerIn	■ stellt Kontakte mit Außen-stehenden her ■ bezieht externe Ressour-cen mit ein ■ orientiert sich an neuen Theorien, Methoden und Entwicklungen ■ weist auf Neuerungen hin ■ nimmt Herausforderungen an ■ greift Inputs auf und führt sie fort	■ Offenheit ■ Neugier ■ Wissbegierde ■ Kommunikations-kompetenz ■ Mut ■ Optimismus	

Wissensorientierte Rollen			
Rolle	**Rollenverhalten**	**Persönlichkeits-charakteristika**	**RolleninhaberIn**
InnovatorIn/ ErfinderIn	▪ bringt neue Ideen, Per-spektiven und Lösungs-wege ein ▪ führt neue Methoden ein ▪ probiert neue Arbeits-verfahren aus ▪ unterbreitet kreative Ideen ▪ motiviert mit anregenden Impulsen ▪ entwickelt selbst Neue-rungen	▪ Individualismus ▪ unorthodoxes Denken und Verhalten ▪ Kreativität ▪ Methodenkompetenz ▪ Lust auf Innovationen ▪ hohe Intelligenz ▪ Neugier ▪ Wissbegierde ▪ Mut	
BeobachterIn/ EvaluatorIn	▪ beobachtet kritisch ▪ analysiert Situationen und Probleme ▪ untersucht Vorschläge auf ihre Umsetzbarkeit hin ▪ bringt Erkenntnisse, Bedenken und mögliche Auswirkungen in die Entscheidungsfindung ein	▪ Wahrnehmungsfähigkeit ▪ Beobachtungsfähigkeit ▪ Nüchternheit ▪ strategisches Denken und Vorgehen ▪ Scharfsinnigkeit ▪ kritische Sichtweise	
SpezialistIn	▪ bringt spezifisches (Fach-) Wissen und Information ein ▪ übernimmt spezielle Aufgaben ▪ agiert selbstständig und eigenverantwortlich ▪ handelt fachkundig	▪ Selbstständigkeit ▪ Engagiertheit ▪ Zielstrebigkeit ▪ Detailorientierung ▪ Verantwortungsbewusst-sein	

Für die Effektivität eines Teams ist es wichtig, dass all diese Rollen besetzt sind und die Rollen-inhaberInnen sich in der Ausübung ihrer Rollen ergänzen. Manche der Rollen, wie beispielsweise die der Team-ArbeiterIn und der PefektionistIn, sind in Teams mit über zehn Mitgliedern in der Regel mehrfach besetzt.

Wenig förderlich für die Team-Arbeit und die Atmosphäre im Team sind beispielsweise folgende weitere Rollen:

- AußenseiterIn

- Clown

- DetailbesesseneR

- MiesmacherIn

- SaboteurIn

- StörerIn

- VielrednerIn

Zu den Aufgaben der Team-Leitung gehört es, mit einem Team-Mitglied, das eine solche unangemessene und die Team-Arbeit beeinträchtigende Rolle einnimmt, ein Mitarbeiter- bzw. Konfliktgespräch zu führen, um

- ihm diese Rolle mit ihren negativen Folgen bewusst zu machen,

- mögliche Ursachen herauszufinden und bestmöglich zu beheben,

- eine Rollenfixierung zu vermeiden,

- die an das Team-Mitglied und sein Verhalten gestellten Anforderungen zu verdeutlichen,

- es dazu anzuregen, eine neue Rolle einzunehmen, und

- (sofern erforderlich) die Aufforderung zur Supervision oder zum Coaching auszusprechen.

Team-Arbeit

Der Begriff Team-Arbeit

Team-Arbeit bezeichnet die fachliche Zusammenarbeit der Team-Mitglieder, die einen gemeinsamen Auftrag erfüllen, der sich an Zielen orientiert und auf Effektivität ausgerichtet ist. Ziel- und Aufgabenorientierung bestimmen die aufeinander abgestimmte Arbeit unter Berücksichtigung der Aufgabenteilung in gemeinsamer Verantwortung.

Die Qualität der Team-Arbeit kann gemessen werden an der Leistungsfähigkeit des Teams und an der Qualität des Zusammenwirkens der Team-Mitglieder.

Wie die Team-Mitglieder die Aufgaben erfüllen und die Ziele erreichen, entscheiden sie gemeinsam, wobei die verschiedenen Ansichten, Werte und Eigenheiten der Team-Mitglieder berücksichtigt werden.

Team-Arbeit als Methode

Team-Arbeit ist eine Methode bzw. Vorgehensweise, mithilfe derer sich ein bestimmtes Tun zielgerichtet gestalten lässt. Sie vollzieht sich im Sinne eines planmäßigen Verfahrens, um sicherzustellen, dass eine Aufgabe auch tatsächlich erfüllt wird. Bei der Team-Arbeit unterscheidet man folgende Methoden:

- Informieren
- Wahrnehmen und Beobachten
- Darstellen und Beschreiben
- Analysieren
- Erfahrungsaustausch
- Planen
- Koordinieren
- Gestalten/Durchführen/Umsetzen
- Innovation/Weiterentwicklung
- Kooperieren
- erneutes Wahrnehmen und Beobachten
- Stabilisieren
- Reflektieren
- Evaluieren
- neues Planen

Gründe für die Team-Arbeit in pädagogischen Einrichtungen

Komplexität der Erziehungswirklichkeit

Bei der pädagogischen Arbeit mit Kindern und Jugendlichen werden den Fachkräften vielfältige Aufgaben gestellt, es bestehen die unterschiedlichsten Anforderungen. Auch den diversen Bedarfen seitens der Eltern gilt es gerecht zu werden.

Zudem besteht eine enorme Wissensanforderung an die ErzieherInnen, gefordert wird eine hohe Handlungskompetenz. Nicht zuletzt ist der interdisziplinäre Handlungsbedarf zu nennen.

Notwendigkeit von Absprachen

Besonders wichtig für die gemeinsame Erziehung und Bildung der Kinder sowie bei der Eltern- und Öffentlichkeitsarbeit sind Absprachen. Dadurch soll eine zielorientierte und effektive Arbeit gewährleistet werden. Es gilt, als Team einheitlich aufzutreten und transparent zu handeln.

Partnerschaftlichkeit

Team-Arbeit wird auch praktiziert, weil sie eine gleichwertige Zusammenarbeit in Partnerschaftlichkeit schafft. Unterschiedliche Fachkräfte wie etwa ErzieherInnen, KinderpflegerInnen, SozialpädagogInnen und therapeutische, aber auch hauswirtschaftliche MitarbeiterInnen werden gleichermaßen in die Arbeit und in die täglichen Abläufe mit einbezogen.

So kommen die verschiedenen Kompetenzen der Team-Mitglieder zum Tragen und werden für die gemeinsame Arbeit nutzbar gemacht. Die unterschiedlichen persönlichen Qualifizierungen der einzelnen Team-Mitglieder können dadurch in die fachliche Arbeit einfließen. Dies lässt sie vielfältiger werden und sorgt für eine fachliche Bereicherung innerhalb des Teams.

Aufgaben lassen sich gerecht verteilen, was wiederum eine Entlastung einzelner Team-Mitglieder zur Folge hat und zur Flexibilität eines kompetenten Teams beiträgt. Möglich wird eine sachliche Diskussion, um die beruflich-persönlichen Beziehungen zu gewährleisten. Nicht selten sorgt Team-Arbeit auch für neue Impulse.

Gemeinsame Entscheidungen

Bei der Team-Arbeit müssen gemeinsame Entscheidungen für die gesamte Einrichtung getroffen und umgesetzt werden, um ein Wir-Gefühl zu schaffen und die Motivation der Team-Mitglieder zu erhöhen. Gemeinsam kann Verantwortung für die gesamte Arbeit und die Außenwirkung der Einrichtung übernommen werden. Zudem können einer Entscheidung mehrere (Lösungs-) Möglichkeiten zugrunde gelegt werden, was zu einer hohen Qualität der Entscheidungen führt.

In einem Team sollte ein einheitliches Vorgehen gewährleistet sein. Gegenseitig können sich die Team-Mitglieder ergänzen und zugleich entlasten. Folglich steigt die Zufriedenheit unter den Team-Mitgliedern und Konflikte lassen sich im Team besser vermeiden bzw. leichter und schneller lösen.

Mitbestimmung

Team-Arbeit schafft die erforderlichen Rahmenbedingungen für eine faire Mitbestimmung. Dabei wird den Team-Mitgliedern ihre jeweilige Bedeutung im Team und in der Zusammenarbeit verdeutlicht. Dies begünstigt die solidarische Einstellung zur Einrichtung und zum Team. Die Team-Mitglieder werden gefördert und gestärkt, zugleich erhöht sich die allgemeine Zufriedenheit. Beschlüsse werden verbindlicher umgesetzt.

Motivationssteigerung

Die Zusammenarbeit im Team trägt zur Steigerung der Motivation bei. Wenn die Team-Mitglieder miteinander lernen, inspirieren sie sich gegenseitig und können Neues entwickeln. Die Fachbegriffe hierfür lauten Ko-Konstruktion und Partizipation auf Team-Ebene.

Reflexion

In pädagogischen Arbeitsfeldern ist die Reflexion aller Aufgabenbereiche erforderlich. Nur so lässt sich die Qualität der Arbeit evaluieren. Ein interdisziplinärer Austausch wird dadurch erst möglich. Der erzieherische Erfolg kann gewährleistet werden, wenn der Qualitätsstandard weiterentwickelt wird und sich die einzelnen Team-Mitglieder stets weiterqualifizieren. Das ist wichtig, um den wachsenden Anforderungen gerecht werden zu können.

Faktoren, die die Team-Arbeit beeinflussen

Ein Team im pädagogischen Bereich steht in einem spezifischen Arbeitsfeld und wird von der vorherrschenden gesellschaftlichen Situation beeinflusst. Im Folgenden erhalten Sie einen kurzen Überblick über die Faktoren, die die Team-Arbeit beeinflussen.

Träger der Einrichtung

- Autoritäts- und Führungsstruktur
- Zielvorstellungen
- vorgegebene Weltanschauung
- zur Verfügung gestellte Mittel
- Einstellungen und Anforderungen hinsichtlich der Kooperation
- Gestaltung der Informationswege und Informationsvermittlung

Organisatorische Voraussetzungen

- Einrichtungsart

- Standort der Einrichtung

- Größe der Einrichtung bzw. der gesamten Organisation

- zur Verfügung stehende Zeit für die Erledigung der Aufgaben

- Team-Mitglieder

- KlientInnen

- personelle Ausstattung

- finanzielle Gegebenheiten

- Räumlichkeiten

Leitungskräfte

- Funktionen und Aufgaben

- Zielvorstellungen

- (fachspezifische) Kenntnisse und Fähigkeiten

- Haltungen und Wertvorstellungen

- Rollenbewusstsein und Rollenausübung

- Kooperationsbereitschaft und -fähigkeit

Team-Mitglieder

- Funktionen und Aufgaben

- Zielvorstellungen

- Haltungen und Wertvorstellungen

- Zusammensetzung des Teams
  (z. B. Funktionen, fachliche und persönliche Qualifizierung, Rollenbewusstsein und Rollenausübung, Kooperationsbereitschaft und -fähigkeit, Geschlecht, Alter)

- Verbundenheit mit dem Träger

- Identifizierung mit der Einrichtung und den anvertrauten Aufgaben

Arbeitsverfahren

- verschiedene Funktionen
- Kooperation
- Arbeitsweisen und Methoden
- Informationswege und Informationsvermittlung
- Prozessgestaltung und -analyse der Arbeit

Kommunikation

- Gespräche
- Informationsfluss
- Umgang miteinander
- Offenheit
- Achtung
- Wertschätzung

Sonstiges

- eine von allen vertretene Konzeption
- Fluktuation in der Einrichtung
- Bezahlung
- Ansehen der MitarbeiterInnen und deren Arbeit

Je günstiger diese Faktoren an sich und in ihrem Zusammenwirken sind, umso besser kann die Team-Arbeit und die Zufriedenheit der Team-Mitglieder sein. Sie stellen somit eine wichtige Voraussetzung für die Effektivität der Team-Arbeit dar.

Voraussetzungen für eine erfolgreiche Team-Arbeit

Neben den Faktoren, die die Team-Arbeit beeinflussen, gibt es weitere Voraussetzungen für eine erfolgreiche Team-Arbeit seitens der Team-Mitglieder.

Schätzen Sie die in der folgenden Auflistung aufgezeigten Voraussetzungen daraufhin ein, inwieweit Sie diese erfüllen (0 = gar nicht; 4 = sehr gut).

Haken Sie die Voraussetzungen ab, die Sie zu Ihrer Zufriedenheit erfüllen.

Tragen Sie bei denjenigen Voraussetzungen, mit denen Sie noch nicht zufrieden sind, ein, was Sie unternehmen möchten, um sie zu verbessern.

Einschätzungsbogen							
Voraussetzungen	**Einschätzung**					**✔**	**das möchte ich unternehmen**
	0	1	2	3	4		
Grundlegende Voraussetzungen							
Anerkennung der Team-Arbeit als geeignete Methode							
Bereitschaft und Fähigkeit, eigenverantwortlich und partnerschaftlich im Team zu arbeiten							
gegenseitige Anerkennung der unterschiedlichen Qualifikationen und Arbeitsleistungen der Team-Mitglieder untereinander							
Fachliche Voraussetzungen							
Team-Fähigkeit							
Kooperationsfähigkeit							
fachliche Ausbildung und Qualifikation in allen fachspezifischen Arbeitsbereichen							
Fachwissen							
Gesprächsführungskompetenz							

noch: Einschätzungsbogen

Voraussetzungen	Einschätzung					✔	das möchte ich unternehmen
	0	1	2	3	4		
Fachliche Voraussetzungen							
Handlungs- und Methodenkompetenz							
lernmethodische Kompetenz (z. B. erworbenes Wissen anwenden und übertragen)							
Theorie-Praxis-Verknüpfung							
Rollenkompetenz							
kognitive Kompetenzen (z. B. Problemlösefähigkeit)							
Bereitschaft zum ständigen Informationsaustausch							
Kommunikationsfähigkeit							
sachliche Diskussionsfähigkeit							
realistische Einschätzungfähigkeit							

Voraussetzungen für eine erfolgreiche Team-Arbeit

noch: Einschätzungsbogen

Voraussetzungen	Einschätzung					✔	das möchte ich unternehmen
	0	1	2	3	4		
Fachliche Voraussetzungen							
Wahrnehmungs- und Beobachtungs-fähigkeit							
Fremdmotivation							
Reflexionsfähigkeit bezogen auf die verschiedenen Aufgabenbereiche und deren inhaltliche und methodische Gestaltung							
Selbstreflexion							
analytische Kompetenz							
Persönliche Voraussetzungen							
personale Kompetenzen (z. B. Selbst-wertgefühl)							
Kontaktfähigkeit							
Beziehungsfähigkeit							

noch: Einschätzungsbogen

Voraussetzungen	Einschätzung					✔	das möchte ich unternehmen
	0	1	2	3	4		
Persönliche Voraussetzungen							
motivationale Kompetenzen (z. B. Neugier und individuelle Interessen)							
Selbstmotivation							
physische Kompetenzen (z. B. Übernahme von Verantwortung für die eigene Gesundheit und das körperliche Wohlbefinden)							
Kompetenzen zum Handeln im sozialen Kontext (z. B. Beziehungsaufbau und -gestaltung, Empathie und Perspektivenübernahme)							
Kompetenter Umgang mit Veränderungen und Belastungen							
Selbstständigkeit							
Werthaltungen							
Konfliktfähigkeit							
Flexibilität							

Voraussetzungen für eine erfolgreiche Team-Arbeit

noch: Einschätzungsbogen

Voraussetzungen	Einschätzung					✔	das möchte ich unternehmen
	0	1	2	3	4		
Persönliche Voraussetzungen							
Solidarität							
Anpassungsfähigkeit							
Verständnis							
Taktgefühl							
gegenseitige Wertschätzung							
Kompromissfähigkeit							
Humor							
Frustrationstoleranz							
Lernbereitschaft und -fähigkeit							

noch: Einschätzungsbogen

Voraussetzungen	Einschätzung					✔	das möchte ich unternehmen
	0	1	2	3	4		
Persönliche Voraussetzungen							
Experimentierfreude							
Eigeninitiative							
(Selbst-)Disziplin							
Ausdauer							
Durchhaltevermögen							
Vertrauensfähigkeit							
Verschwiegenheit							

Diese Auflistung, die sicher noch erweitert werden kann, verdeutlicht, wie umfangreich die Anforderungen hinsichtlich der Team-Arbeit an die Team-Mitglieder sind und dass auch sehr viele persönliche Kompetenzen erforderlich sind, um erfolgreich in einem Team arbeiten zu können.

Gemeinsame Zielerreichung

Ziele formulieren

Eine Voraussetzung für das zielorientierte und effektive Arbeiten im Team stellt die Zielklarheit dar. Zielorientiertes Arbeiten bewirkt bei den Team-Mitgliedern ein vorausschauendes Denken, eine strukturierte Arbeitsweise und ein aufeinander abgestimmtes Handeln. Auch dient es dazu, gemeinsam in eine Richtung zu schauen und Ziele leistungsorientiert anzustreben. Klare Zielfestlegungen, zielorientiertes Vorgehen und eine anhand von Zielvorgaben ausgewertete Arbeit ermöglichen einen hohen Qualitätsstandard.

Ziele müssen

- gut verständlich sein,

- konkrete und eindeutige Formulierungen haben,

- positiv formuliert sein,

- als Gegebenheit in der Gegenwartsform verfasst sein,

- klar definierte Kriterien für die Zielerreichung beinhalten,

- hinsichtlich der Zielerreichung terminiert sein,

- operationalisierbar (überprüfbar) sein,

- erreichbar sein,

- von allen Beteiligten angenommen und verantwortet werden und

- mit einem angemessenen Einsatz realisierbar, sprich realistisch sein.

Aufgaben der Team-Mitglieder hinsichtlich der Zielerreichung

Hinsichtlich der Zielerreichung haben die Team-Mitglieder folgende Aufgaben:

- mögliche Ziele erörtern

- Ziele im Team gemeinsam festlegen

- Zielhierarchie aufstellen

- Zielvereinbarungen treffen, auch hinsichtlich des Zeitrahmens, innerhalb dessen die Ziele erreicht werden sollen

- geeignete Methoden und Mittel zur Zielerreichung auswählen

- Aufgaben der Team-Mitglieder hinsichtlich der Ziele vergeben und koordinieren

- anhand der Ziele Aufgabenerledigung und Zielerreichung kontrollieren

- zwischendurch reflektieren, ob die Ziele angemessen und erreichbar sind und ob die ausgewählten Methoden und Mittel der Zielerreichung dienen

- Leistungen an den Zielen orientiert evaluieren

- erkennen, wenn von der Zielerreichung abgewichen wird und Ziele nicht erreicht werden können

- Ziele und Vorgehensweisen bei der Zielerreichung immer wieder hinterfragen und ggf. neu planen

- Ziele, Zielerreichungswege und Zielerreichung dokumentieren

Die Team-Leitung

Funktion der Team-Leitung

Team-Leitung ist eine Funktion. Sie wird von einem Team-Mitglied übernommen, um das Team und die Team-Arbeit zu leiten. In pädagogischen Einrichtungen kann eine ErzieherIn die Leitung des Teams übernehmen, aber beispielsweise auch eine SozialpädagogIn oder eine andere qualifizierte Fachkraft (z. B. eine PsychologIn). Auf jeden Fall sind für diese Aufgabe konkrete Führungsqualifikationen erforderlich.

Es wird unterschieden zwischen Team-Leitungen,

- die für die Leitungsfunktion freigestellt sind, und denen,

- die zugleich im Gruppendienst tätig und somit einer Doppelbelastung ausgesetzt sind. Zum Teil sind Gruppen dadurch personell unterbesetzt.

Da es sich bei der Team-Arbeit um ein kooperatives Arbeitsverfahren handelt, muss der Führungsstil der Team-Leitung demokratisch bzw. partnerschaftlich sein.

Anforderungen an die Team-Leitung

Für die Team-Leitung gelten über die an die Team-Mitglieder gestellten Anforderungen hinaus weitere, wie beispielsweise:

- Führungsqualifikation

- Planungskompetenz

- Organisationstalent

- Methodenkompetenz zur Leitung von Teams bezogen auf die Gesprächsführung bzw. Moderation (z. B. Team-Besprechungen und Mitarbeitergespräche) und die praktische (An-)Leitung der MitarbeiterInnen

- Verhandlungsgeschick

- Motivationsfähigkeit

- Entscheidungsfähigkeit

- Objektivität/Unparteilichkeit

- Distanzierungsfähigkeit

- Konfrontationsfähigkeit

- Konsequenz

- Selbstvertrauen

- Autonomie

Aufgaben der Team-Leitung

Die Aufgaben der Team-Leitung gehen gemäß ihrer Leitungsrolle über die der anderen Team-Mitglieder hinaus.

 Aufgaben der Team-Leitung

- Leitbild- und Profilentwicklung
- Erstellen und Fortschreiben der Konzeption
- Zieldefinition
- Kooperation mit dem Träger
- Planung der Team-Arbeit und Zeitmanagement
- Koordination der eigenen Aufgaben
- Team-Bildung
- Lokomotionsaufgabe: Team-Mitglieder motivieren und unter Anwendung von Denkstrategien (z. B. Problemformulierung, Ideenentwicklung und Entscheidungsfindung) im kooperativen Prozess anleiten und begleiten
- Kohäsionsaufgabe: mittels Strategien bei der Kommunikation einen Zusammenhalt und gegenseitige Unterstützung im Team aufbauen und festigen
- Auswahl und Einstellung von MitarbeiterInnen und PraktikantInnen
- Festlegung von Regeln
- Planung der Arbeitszeiten der Team-Mitglieder (Dienstplangestaltung)
- Planung und Organisation aller Aufgaben in der Einrichtung
- Aufgabenverteilung unter den Team-Mitgliedern
- Koordination der Aufgaben der MitarbeiterInnen
- Delegation von Aufgaben
- Motivation der Team-Mitglieder
- Überprüfung der von den Team-Mitgliedern durchgeführten Aufgaben
- Planung, Leitung und Reflexion von Team-Besprechungen
- Planung, Führen und Reflexion von Mitarbeitergesprächen
- Informationsweitergabe an die KollegInnen
- Austausch von Erfahrungen mit den Team-Mitgliedern
- Vermittlung zwischen den Team-Mitgliedern
- Dokumentation
- Initiierung von und Teilnahme an Supervisionen, Beratungen und Coaching
- Initiierung von und Teilnahme an Fortbildungen
- Urlaubsplanung
- Vertretung der Einrichtung nach außen (Öffentlichkeits- und Gremienarbeit)
- Changemanagement: Ermittlung, Initiierung, Umsetzung und Evaluation von Veränderungen
- Qualitätsmanagement

Im Folgenden werden spezielle Aufgaben der Team-Leitung gesondert beschrieben.

Leitbild- und Profilentwicklung

Im Leitbild wird das individuelle Profil der pädagogischen Einrichtung veranschaulicht, um sowohl dem Team als auch Außenstehenden ein Bild von der pädagogischen Arbeit, den dahinter stehenden Werten und der konkreten Praxisumsetzung zu vermitteln.

Um ein Leitbild bzw. Profil zu entwickeln, sind folgende Inhalte im Team zu klären und zu formulieren. In der Regel wird dies von der Team-Leitung initiiert und moderiert. Einzelaufgaben können in speziell zusammengestellten Teams erarbeitet und im Anschluss wieder ins Gesamt-Team eingebracht werden.

Zu klärende Inhalte eines Leitbilds	
Leitbild oder Slogan	▪ bringt auf kurze, prägnante, aussagekräftige und einprägsame Weise auf den Punkt, was das Team verwirklichen möchte
Leitmotiv	▪ beantwortet die Frage: „Warum gibt es uns?"
Leitsatzthemen und -bereiche	▪ dienen der thematischen Gliederung der Leitsätze ▪ stellen alle wesentlichen Aspekte der Einrichtung und der dort geleisteten Arbeit dar
Leitsätze und Erläuterungen	▪ sind Kernaussagen über grundlegende – Werte – Ziele – Erfolgskriterien der Einrichtung ▪ definieren in knapper Form die spezifischen Kompetenzen der Einrichtung und ▪ werden dann anschaulich ausgeführt, wobei ein Bezug zu den angestrebten Zielen hergestellt wird ▪ werden gemäß folgender Kriterien formuliert: – Wesentlichkeit – Allgemeingültigkeit – Klarheit – Langfristigkeit – Vollständigkeit – Realisierbarkeit

noch: Zu klärende Inhalte eines Leitbilds

Methoden zur Erarbeitung eines Leitbilds
Im Groß-Team erläutert die Team-Leitung, ■ was ein Leitbild ist, ■ was es beinhaltet, ■ welche Bedeutung es für die Einrichtung und deren Profilierung hat und ■ dass ein Leitbild für die Einrichtung erstellt wird.
Die Team-Leitung stellt folgende Aufgabe: Jedes Team-Mitglied soll – bezogen auf das Leitmotiv der Einrichtung – für sich die Frage „Warum gibt es uns?" beantworten. Die Antworten werden auf Moderationskarten notiert, auf ein Plakat geklebt und im Plenum vorgestellt.
Mittels eines von der Leitung moderierten Brainstormings werden Ideen gesammelt, die den Team-Mitgliedern zu einem Leitbild bzw. einem Slogan einfallen. Diese werden auf einem Plakat notiert.
Die Team-Mitglieder sammeln mit der Methode des Mindmappings Leitsatzthemen und -bereiche, zu denen dann die Leitsätze und Erläuterungen geschrieben werden. In der Kreismitte steht „Leitbild unserer Einrichtung". An den davon ausgehenden Linien werden die Leitsatzthemen und -bereiche notiert. Die weiteren Verästelungen dienen dazu, die Leitsätze und Erläuterungen zum jeweiligen Leitsatzthema oder -bereich hinzuzufügen. 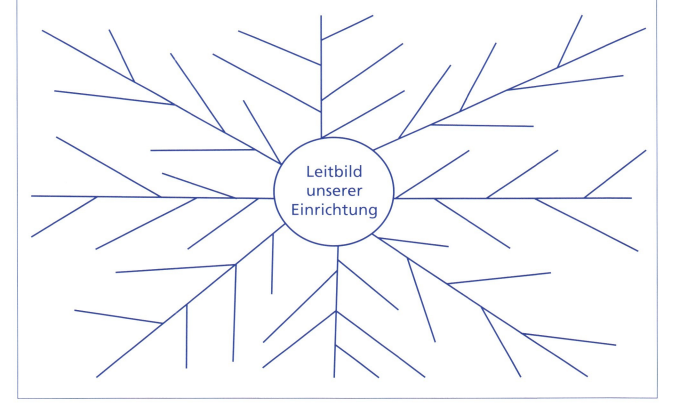

noch: Zu klärende Inhalte eines Leitbilds

Die weitere Erarbeitung kann in frei zusammengestellten Klein-Teams der MitarbeiterInnen stattfinden, die die Team-Leitung beauftragt, bis zu einem festgelegten Termin jeweils eine der folgenden Aufgaben zu erledigen:

- Formulierung eines Leitbilds oder eines Slogans
- Formulierung eines Leitmotivs
- Festlegung von Leitsatzthemen und -bereichen
- Formulierung von Leitsätzen und Erläuterungen

Die Klein-Teams stehen dabei in Kontakt miteinander und treffen inhaltliche Absprachen.

Die Ergebnisse der Klein-Teams werden bei einer Besprechung im Groß-Team

- vorgestellt,
- besprochen,
- ggf. modifiziert und
- beschlossen.

Anhand vorliegender Leitbilder anderer Einrichtungen stellt die Team-Leitung den Team-Mitgliedern verschiedene Möglichkeiten für die Präsentation des eigenen Leitbilds vor.

An die einzelnen Leitbilder vergeben die Team-Mitglieder zu den folgenden Kategorien jeweils Klebepunkte, um zu ermitteln, wo und wie das eigene Leitbild präsentiert werden soll.

- Präsentationsfläche
  - Website
  - Konzeption
  - Flyer
  - Broschüre
  - Aushang
- Gestaltung
  - Format
  - Papierqualität
  - Farbe des Papiers
  - Seiteneinteilung
  - Schriftart und -größe
  - Zeilenabstand
  - Gestaltung der Überschriften
  - Hervorhebungen
  - Farbgebung
  - Bebilderung
  - Fotokopien oder Druck

Die Team-Leitung delegiert an ein Klein-Team die Aufgabe, das Leitbild gemäß den Absprachen fertigzustellen und in Druck bzw. zur Veröffentlichung freizugeben.

Qualitätsmanagement

Mithilfe des Qualitätsmanagements soll der Anspruch erfüllt werden, dass mittels der Team-Arbeit qualitativ hochwertige Dienstleistungen angeboten werden. Dazu werden in der Einrichtung Qualitätssysteme eingeführt, die zu erfüllende Qualitätsstandards beschreiben und es ermöglichen, diese regelmäßig und nachweisbar zu überprüfen und ggf. neu festzuschreiben.

Das Qualitätsmanagementsystem basiert auf folgenden Säulen:

1. dem Leitbild des Trägers der Einrichtung und dessen Organisationsphilosophie als Fundament des Qualitätsmanagementsystems

2. der Konzeption der Einrichtung als Mittelpunkt des Qualitätsmanagementsystems mit Profil, Zielen, Dienstleistungen und Ergebnissen

3. der Kernprozesssicherung derjenigen Prozesse, die für die soziale Einrichtung sowie für die Erreichung und Beibehaltung deren Qualität wesentlich sind (z. B. Aufnahmeverfahren, spezielle Fördermaßnahmen, Projektarbeit); sie werden bei der Festlegung von Verfahrensabläufen und mithilfe von Prozessdiagrammen abgesichert

4. der Dokumentation als Überprüfungsinstrument

5. der Qualitätsstandards zur Orientierung und für die Überprüfung

6. der Evaluation als Auswertungsinstrument und zur Erfolgskontrolle

7. den Stützprozessen (z. B. Organisationsstruktur, Personalentwicklung, Ressourcenmanagement und Zeit)

Diese sieben Säulen sind miteinander verwoben und bedingen sich wechselseitig. Zusammen ergeben sie ein Qualitätsmanagementsystem, das es dem Team ermöglicht, eine hohe Gesamtqualität seiner Arbeit zu leisten und diese stets zu überprüfen und neu auszurichten.

Anhand der folgenden fünf Fragen können Sie im Team eine Ist-Analyse durchführen, die als Ausgangspunkt für die Erarbeitung eines Qualitätsmanagementsystems ausschlaggebend ist.

 Fragen zur Ist-Analyse

Was ist unser Auftrag?

- Wofür sind wir und unsere Einrichtung da?

- Was möchten wir erreichen?

- Welche Ergebnisse sollen erzielt werden?

---

noch: Fragen zur Ist-Analyse

Wer sind unsere KundInnen/KlientInnen?

Was erwarten sich die KundInnen/KlientInnen von uns?

- Was erwarten die Kinder bzw. Jugendlichen von uns?

- Was erwarten die Eltern von uns?

- Was erwartet der Träger von uns?

- Was erwarten kooperierende Fachleute von uns?

- Was erwartet die Öffentlichkeit von uns?

- Bieten wir das an, was unsere KundInnen/KlientInnen erwarten und benötigen?

Was sind unsere Ergebnisse?

- Welche Ergebnisse erbringen wir in den verschiedenen Arbeitsbereichen?
  - Pädagogische Arbeit mit den Kindern bzw. Jugendlichen
  - Pflegerische Aufgaben
  - Hauswirtschaftliche Aufgaben
  - Team-Arbeit
  - Konzeptionsarbeit
  - Zusammenarbeit mit dem Träger
  - Bildungs- und Erziehungspartnerschaft mit den Eltern
  - Anleitung von PraktikantInnen
  - Einstellung und Einarbeitung neuer MitarbeiterInnen
  - Öffentlichkeitsarbeit
  - Kooperation mit anderen Fachleuten
  - Gemeinwesenarbeit
  - Gremienarbeit

noch: Fragen zur Ist-Analyse

Welche Pläne haben wir?

- Welche Pläne haben wir hinsichtlich der oben angeführten Arbeitsbereiche?

- Was wollen wir beibehalten?

- Was wollen wir verstärken?

- Was wollen wir reduzieren?

- Was wollen wir herausnehmen?

- Was wollen wir neu hinzunehmen?

Planung der Aufgaben

Die Herstellung eines Konsens über die Vorstellungen der Team-Mitglieder zu einer gemeinsam zu erbringenden Aufgabe sowie die Planung, die Vergabe und die Koordination der dazugehörenden Aufgaben stellt ein weiteres Aufgabenfeld der Team-Leitung dar, das für eine gelungene Team-Arbeit von besonderer Bedeutung ist.

Um dabei alle Teilaspekte angemessen zu berücksichtigen, z. B. bei der Einführung der Entwicklungsportfolios, kann die Leitung auf die folgende Checkliste zurückgreifen.

Checkliste: Einführung der Entwicklungsportfolios	✔
Team-Gespräch über die Bedeutung von Entwicklungsportfolios für - Kinder - pädagogische Fachkräfte - Eltern	
Einigung im Team über die Form der Entwicklungsportfolios, z. B. - in einem Ordner oder - in einer Mappe	
Absprachen über die Bereitstellung der Portfoliomappen oder -ordner durch die ErzieherInnen oder Eltern	

noch: Checkliste: Einführung der Entwicklungsportfolios

Festlegung der äußeren Gestaltung der Portfoliomappen oder -ordner, z. B. ■ Name des Kindes ■ Foto der Kinder	
Sammlung möglicher Inhalte für das Entwicklungsportfolio unter Berücksichtigung der Bildungs- bereiche und der Basiskompetenzen	
Kriterien für die Gestaltung der Portfoliobogen	
Abklären technischer Möglichkeiten zur Gestaltung der Portfoliobeiträge, z. B. ■ Tonaufnahmen ■ Filme	
Auswahl von Portfoliobogen für den individuellen Einsatz	
Bestimmung eines für die Kinder zugänglichen Aufbewahrungsortes für die Entwicklungsport- folios	
Einhaltung datenschutzrechtlicher Vorgaben hinsichtlich der Entwicklungsportfolios und deren Aufbewahrung	
Verfassen eines Elternbriefs zur Information über die Einführung der Entwicklungsportfolios ■ Inhalte ■ VerfasserIn ■ Ausgabedatum	
Durchführung eines Elternabends zur Einführung der Portfolios ■ Inhalte ■ methodische Gestaltung ■ Auswahl einiger Portfoliobogen zur Präsentation ■ Zuständigkeiten ■ Termin ■ Einladung	
Einführung der Entwicklungsportfolios in den Gruppen ■ Wer? ■ Wie?	
Abstimmung über die Zuständigkeiten bei der Bearbeitung der Portfolios mit den Kindern für ■ die Anlage einer Übersicht der Portfoliobogen ■ die Erarbeitung bzw. Gestaltung der einzelnen Portfoliobogen mit den Kindern	
Absprachen über die Bildungs- und Erziehungspartnerschaft mit den Eltern hinsichtlich der Entwicklungsportfolios ■ Elterngespräche über die Entwicklungsportfolios der Kinder ■ Einbezug der Eltern in die Portfolioarbeit	
Terminierung, wann mit der Erstellung der Übergangsportfolios begonnen wird	
Festlegung eines Termins für den Austausch im Team über die gesammelten Erfahrungen bei der Portfolioarbeit und für die weitere Planung	

Team-Besprechungen

Arten und Inhalte von Team-Besprechungen

Es gibt viele verschiedene Arten und Inhalte möglicher Team-Besprechungen, wie z. B.:

- Leitbild- und Profilentwicklung
- Konzeptionsbesprechungen
- Lagebesprechungen
- Planung
- Organisation
- Konferenz
- Zeitmanagement
- Informationsweitergabe oder -austausch
- Ideenfindung
- Meinungsbildung
- Team-Teaching
- Entscheidungsfindung
- Konfliktbehandlung
- Problemlösung
- Beschwerden
- Fallbesprechungen
- Qualitätsmanagement
- Feedback
- Reflexion
- Auswertung

Das folgende Beispiel veranschaulicht das Modell einer Planungsbesprechung, die von einem Experten-Team der Einrichtung vorbereitet und geleitet wird – mit Vorbereitung, Durchführung und Reflexion.

Planungsbesprechung Experten-Team

Vorbereitung

- Auswahl der Team-Mitglieder, die die Planung vornehmen
- Formulierung des Planungsvorhabens
- konkrete Bestimmung des Ziels
- Ordnen der Themen nach Prioritäten
- Ordnen der Aufgaben nach Prioritäten
- Festlegung der Qualitätskriterien
- zeitliche Planung
- Planung der Durchführung der Planungsbesprechung: zeitlich und methodisch
- Festlegung der Räumlichkeiten
- Planung und Bereitstellung der erforderlichen Materialien

Durchführung

- Bekanntgabe des Planungsvorhabens, der Ziele sowie der Aufgaben
- Sammeln von Informationen
- Besprechung der Informationen
- Vergabe der Aufgaben
- zeitliche Planung

- Zwischenauswertung mit einzelnen Team-Mitgliedern hinsichtlich des bisher Umgesetzten
- Zwischenauswertung im Team
- Besprechung des Ist-Zustandes
- ggf. Änderung von Zielen, Vorhaben und Aufgaben

Reflexion/Auswertung

Reflexion bzw. Auswertung der Planung und des Verlaufs hinsichtlich

- der Vorbereitung der Planungsbesprechung
- der Durchführung der Planungsbesprechung
- der Zwischenauswertungen
- der Besprechung des Ist-Zustandes

und bezogen auf

- die Zielsetzung und -erreichung
- die Vorhaben und Aufgaben
- die Aufgabenverteilung und -erledigung
- das Gesamtergebnis

Weitere Methoden für konstruktive Team-Besprechungen entnehmen Sie bitte dem gleichnamigen Kapitel.

Planung und Vorbereitung

Planung einer Team-Besprechung

Die Effektivität der Team-Arbeit hängt stark von den regelmäßig stattfindenden Team-Besprechungen ab, die den Prozess der Zusammenarbeit eines Teams und dessen Erfolg maßgeblich mitbestimmen.

Um eine Kontinuität und Verlässlichkeit bei der Team-Arbeit zu gewährleisten, ist es erforderlich, Team-Besprechungen gut zu planen und vorzubereiten. Dazu gehört die gewissenhafte Umsetzung der Planungsaufgaben.

Planungsaufgaben – Planung der Team-Besprechungen
Termine für einzelne Team-Besprechungen in regelmäßigen Abständen bzw. an festgelegten Tagen planen
entscheiden, welche Team-Mitglieder und welche weiteren Personen (z. B. Trägervertreter, externe Fachleute) zu einzelnen Treffen eingeladen werden
Raum für die Besprechung auswählen
Dauer der Team-Besprechungen festlegen
Themen für Team-Besprechungen sammeln und festlegen
Vorgaben aus dem letzten Protokoll einbeziehen
Tagesordnung erstellen
Methoden zur Durchführung der Team-Besprechungen planen und vorbereiten
Plan für die Protokollführung erstellen (Welches Team-Mitglied führt wann das Protokoll?)
ggf. Verköstigung für die TeilnehmerInnen planen

Vorbereitung einer Team-Besprechung

Die Vorbereitungen für eine Team-Besprechung zielen darauf ab,

- Transparenz hinsichtlich der zu behandelnden Themen zu vermitteln,

- eine gute Vorbereitung aller Team-Mitglieder zu ermöglichen,

- bei allen Beteiligten Sicherheit zu schaffen,

- ziel- und ergebnisorientiert arbeiten zu können,

- einen fließenden Ablauf zu ermöglichen und

- eine angenehme Arbeitsatmosphäre herzustellen.

Um dies zu erreichen, sind folgende Vorbereitungen zu treffen:

Vorbereitung der Team-Besprechungen
diejenigen Personen einladen, die an den jeweiligen Team-Besprechungen teilnehmen sollen
die Team-Mitglieder über Tagesordnung und Themen der einzelnen Team-Besprechungen informieren
(soweit erforderlich) die Team-Mitglieder und weitere Beteiligte über ihre speziellen Aufgaben bei der Team-Besprechung informieren
sich inhaltlich auf die Team-Besprechung vorbereiten im Sinne einer Auseinandersetzung mit den Tagesordnungspunkten, einer Prüfung der Inhalte und der Aneignung bedeutender Inhalte
Raum vorbereiten ■ Sitzordnung festlegen ■ für Ordnung sorgen ■ lüften ■ dekorieren
erforderliche Unterlagen wie beispielsweise Schriftstücke, bisherige Protokolle und Beobachtungsbogen bereitlegen
für die Besprechung erforderliche Medien und Materialien wie Flipchart, Moderationskoffer und Beamer bereitstellen
ggf. Verköstigung für die TeilnehmerInnen besorgen und vorbereiten

Protokollierung

Protokolle zu Team-Besprechungen dienen dazu, die behandelten Themen, Inhalte, Ergebnisse und Planungsvorhaben schriftlich festzuhalten, um

■ Kontrolle darüber zu haben,

■ sich bei der weiteren Arbeit und Aufgabenorientierung daran orientieren zu können,

■ Verlässlichkeit hinsichtlich der Aufgabenerledigung zu schaffen,

■ spätere Unklarheiten zu beheben,

■ Konflikte zu vermeiden,

■ sie bei der Reflexion und Evaluation der Arbeit einzubeziehen und

■ sie zur Qualitätssicherung heranzuziehen.

Wir unterscheiden verschiedene Formen von Protokollen, wie beispielsweise Verlaufs- oder Ergebnisprotokolle. Beim Verlaufsprotokoll wird der gesamte Verlauf der Team-Besprechung verschriftlicht. Im Ergebnisprotokoll werden hingegen lediglich die gewonnenen Ergebnisse festgehalten. Folgende Raster können Sie für die Erstellung von Protokollen verwenden.

Verlaufsprotokoll

Team-Besprechung am:	

von	bis	Uhr

anwesend:

entschuldigt:

Tagesordnungspunkte

TOP 1:

TOP 2:

TOP 3

TOP 4:

TOP 5:

Verlauf der Team-Besprechung

TOP 1

MitarbeiterIn	Aussagen

Ergebnis/Beschluss:

TOP 2

MitarbeiterIn	Aussagen

Ergebnis/Beschluss:

noch: *Verlaufsprotokoll*

TOP 3	
MitarbeiterIn	**Aussagen**

Ergebnis/Beschluss:

TOP 4	
MitarbeiterIn	**Aussagen**

Ergebnis/Beschluss:

TOP 5	
MitarbeiterIn	**Aussagen**

Ergebnis/Beschluss:

_____	_____
Unterschrift der ProtokollantIn	Unterschrift der Team-Leitung

Ergebnisprotokoll

Team-Besprechung am:

von   bis   Uhr

anwesend:

entschuldigt:

Tagesordnungspunkte

TOP 1:

TOP 2:

TOP 3:

TOP 4:

TOP 5:

Ergebnisse der Team-Besprechung

TOP 1:

_____

_____

TOP 2:

_____

_____

TOP 3:

_____

_____

TOP 4:

_____

_____

TOP 5:

_____

_____

_____   _____
Unterschrift der ProtokollantIn   Unterschrift der Team-Leitung

Für ein Ergebnisprotokoll kann vorab ein Protokollbogen erstellt werden, in dem bereits alle zu behandelnden Themen aufgelistet sind. Im Protokollbogen werden dann die jeweils besprochenen Ergebnisse notiert.

Bei umfangreichen Themen mit mehreren Inhalten, die nicht in einer einzigen Team-Besprechung behandelt werden können oder die mit zeitlichem Abstand zu behandeln sind, wird jeweils das Datum angegeben, wann dies abgesprochen wurde. Dazu finden Sie im Folgenden ein Beispiel für eine Team-Besprechung zur Einführung von Portfolios.

Ergebnisprotokoll: Team-Gespräche zur Einführung von Portfolios	
Inhalte und Absprachen	**besprochen am**
Welche Bedeutung haben Entwicklungsportfolios für die Kinder?	
Welche Bedeutung haben Entwicklungsportfolios für uns als pädagogische Fachkräfte?	
Welche Bedeutung haben Entwicklungsportfolios für die Eltern?	
Auf welche Form der Entwicklungsportfolios einigen wir uns? z. B. ■ Ordner oder ■ Mappe	
Wer stellt die Portfoliomappen oder -ordner bereit? z. B. ■ ErzieherInnen oder ■ Eltern	

Wie möchten wir die Portfoliomappen oder -ordner gestalten?
z. B.
■ Name des Kindes   geschrieben von:
        – der ErzieherIn
        – den Eltern
        – dem Kind
        gedruckt
 	
■ Foto des Kindes   aufgenommen von:
        – der ErzieherIn
        – den Eltern
        – den Kindern	

noch: Ergebnisprotokoll: Team-Gespräche zur Einführung von Portfolios

Inhalte und Absprachen	besprochen am
Welche Inhalte wählen wir – orientiert an den Bildungsbereichen und Basiskompetenzen – für die Entwicklungsportfolios aus?	
Welche Kriterien für die Gestaltung der Portfoliobogen sind uns wichtig? z. B. ■ möglichst wenig Eintragungen der Erwachsenen ■ hoher Selbstgestaltungsanteil der Kinder ■ nur Mandalas oder geometrische Formen ausmalen lassen	
Welche technischen Möglichkeiten zur Gestaltung der Portfoliobeiträge möchten wir einbeziehen? z. B. ■ Tonaufnahmen ■ Filme	
Welche technischen Möglichkeiten bzw. Medien stehen uns bereits zur Verfügung?	
Auf welche weiteren technischen Medien können wir zurückgreifen bzw. von wem gibt es diesbezüglich Unterstützung?	
Welche Portfoliobogen für den individuellen Einsatz wollen wir mit aufnehmen? z. B. ■ indem wir die Kinder fragen, was sie für ihr Portfolio malen oder fotografieren möchten	
An welchem für die Kinder zugänglichen Ort sollen die Entwicklungsportfolios aufbewahrt werden?	
Haben wir bereits eine geeignete Aufbewahrungsmöglichkeit für die Portfolios? z. B. ■ ein offenes halbhohes Regal im Gruppenraum	
Welche datenschutzrechtlichen Vorgaben hinsichtlich der Entwicklungsportfolios und deren Aufbewahrung sind zu beachten?	

noch: Ergebnisprotokoll: Team-Gespräche zur Einführung von Portfolios

Inhalte und Absprachen	besprochen am
Erfüllen wir all diese datenschutzrechtlichen Vorgaben?	
Soll ein Elternbrief zur Information der Eltern über die Einführung bzw. die Führung der Entwicklungsportfolios ausgegeben werden?	
Welche Informationen sollen in diesem Elternbrief gegeben werden?	
Wer verfasst den Elternbrief?	
Wann soll dieser Elternbrief an die Eltern ausgegeben werden?	
Soll ein Elternabend zur Einführung der Portfolios durchgeführt werden?	
Welche Inhalte wollen wir den Eltern bei diesem Elternabend mit welchen Zielen vermitteln? (s. oben: Welche Bedeutung haben Entwicklungsportfolios für uns als pädagogische Fachkräfte?)	
Welche Methoden eignen sich für diesen Elternabend?	
Welche Portfoliobogen zeigen wir den Eltern, um ihnen die Anliegen zu verdeutlichen, die wir mit der Portfolioarbeit anstreben?	
Wer übernimmt beim Elternabend welche Aufgaben?	
Wann soll der Elternabend stattfinden?	
Wer verfasst die Einladung zum Elternabend?	

noch: Ergebnisprotokoll: Team-Gespräche zur Einführung von Portfolios

noch: Ergebnisprotokoll: Team-Gespräche zur Einführung von Portfolios

Inhalte und Absprachen	besprochen am
Sollen die Entwicklungsportfolios in den Gruppen für alle Kinder bzw. für die neu in die Gruppe gekommenen Kinder eingeführt werden?	
Welche MitarbeiterIn übernimmt jeweils in welcher Gruppe die Einführung der Portfolios?	
Wie wird die methodische Gestaltung der Portfolioeinführung in den Gruppen durchgeführt?	
Welcher Portfoliobogen soll mit den Kindern bei der Einführung zuerst erstellt werden?	
Welche MitarbeiterIn übernimmt in welcher Gruppe welche Aufgaben bei der Bearbeitung der Portfolios mit den Kindern? z. B. ■ Anlage einer Übersicht der Portfoliobogen ■ Erarbeitung bzw. Gestaltung der einzelnen Portfoliobogen mit den Kindern	
Wer übernimmt die Elterngespräche über die Entwicklungsportfolios für welche Kinder?	
Wie werden die Elterngespräche über die Entwicklungsportfolios der Kinder geführt?	
Wie häufig sollen Elterngespräche über die Entwicklungsportfolios der Kinder geführt werden?	
Wie werden die Elterngespräche über die Entwicklungsportfolios der Kinder dokumentiert?	

noch: Ergebnisprotokoll: Team-Gespräche zur Einführung von Portfolios

Inhalte und Absprachen	besprochen am
Wie können die Eltern aktiv in die Portfolioarbeit einbezogen werden? z. B. ■ Bereitstellung und Gestaltung des Portfolioordners ■ Sammeln von Zitaten der Kinder zu Hause ■ Verfassen einer Lerngeschichte des Kindes	
Welche Materialien und Anleitungen benötigen die Eltern, um sich aktiv an der Portfolioarbeit zu beteiligen? z. B. ■ Portfoliobogen für Zitate ■ Informationen über die Bedeutung von Lerngeschichten inkl. Musterbeispiel	
Wie werden die Eltern über Möglichkeiten der aktiven Beteiligung an der Portfolioarbeit informiert? z. B. ■ Aushang ■ Elternbrief ■ Einzelgespräch	
Wann beginnen wir mit der Erstellung der Übergangsportfolios?	
Für wann planen wir einen Austausch im Team über die gesammelten Erfahrungen bei der Portfolioarbeit und für die weitere Planung?	

Es entspricht dem Team-Gedanken, dass alle Team-Mitglieder gleichermaßen die Protokollführung übernehmen. Um dies zu gewährleisten, kann beispielsweise die Team-Leitung die Protokollführung jeweils an ein Team-Mitglied delegieren. Die Team-Mitglieder können sich auch freiwillig für diese Aufgabe melden. Oder die MitarbeiterInnen führen das Protokoll in alphabetischer Reihenfolge.

Um einen Überblick darüber zu erhalten, wer wie viele Protokolle verfasst hat, sollte eine Liste angelegt werden, in die eingetragen wird, welches Team-Mitglied wann und in welcher Form das Protokoll erstellt hat (s. unten). Neben dem Namen der jeweiligen MitarbeiterIn wird bei der entsprechenden Protokollform das Datum notiert.

Protokollführung				
Name	Verlaufsprotokolle	**Datum**	Ergebnisprotokolle	**Datum**
1.	1. 2. 3.		1. 2. 3.	
2.	1. 2. 3.		1. 2. 3.	
3.	1. 2. 3.		1. 2. 3.	
4.	1. 2. 3.		1. 2. 3.	
5.	1. 2. 3.		1. 2. 3.	
6.	1. 2. 3.		1. 2. 3.	
7.	1. 2. 3.		1. 2. 3.	
8.	1. 2. 3.		1. 2. 3.	
9.	1. 2. 3.		1. 2. 3.	
10.	1. 2. 3.		1. 2. 3.	

Leitung der Team-Besprechungen

Die Leitung von Team-Besprechungen unterscheidet sich von der Gesprächsführung bei Team-Besprechungen.

■ Grundsätzlich ist die Team-Leitung für die Team-Besprechung verantwortlich. Sie kann zwar die Gesprächsführung bei der Team-Besprechung an eine MitarbeiterIn delegieren, trägt jedoch letztlich die Verantwortung dafür.

■ Über die Gesprächsführung hinaus geht es bei der Leitung einer Team-Besprechung auch um organisatorische und Leitungsaufgaben.

Die folgende Auflistung lässt erkennen, dass sich die Aufgaben bei der Leitung von Team-Besprechungen zum Teil auch mit denen der Gesprächsführung überschneiden.

Aufgaben bei der Leitung von Team-Besprechungen
die Team-Mitglieder begrüßen
die Protokollführung vergeben
ggf. die Gesprächsführung an ein Team-Mitglied delegieren
die Tagesordnungspunkte vorstellen und evtl. ergänzen bzw. verändern
die Reihenfolge der Tagesordnungspunkte festlegen, z. B. nach Dringlichkeit oder Wichtigkeit der Inhalte
die Dauer für die Behandlung der einzelnen Tagesordnungspunkte einschätzen bzw. planen
die Gesprächsführung übernehmen
ziel- und ergebnisorientiert vorgehen
die Behandlung der einzelnen Tagesordnungspunkte methodisch gestalten
die Team-Mitglieder zur aktiven Teilnahme anregen
Interessen, Positionen, Widersprüche, Unklarheiten, Konflikte etc. klar herausarbeiten und darauf eingehen
die Team-Mitglieder bei Bedarf zum Thema zurückführen
auf die Einhaltung von Gesprächsregeln achten und diese bei Bedarf einfordern
Zwischenergebnisse festhalten
Inhaltliches, Ergebnisse und Planungsvorhaben visualisieren und schriftlich festhalten, z. B. auf einem Plakat
zu erledigende Aufgaben verbindlich an die Team-Mitglieder vergeben
besprochene Aufgaben zeitlich konkret planen
den Zeitplan einhalten
nicht behandelte Themen vertagen
einen Ausblick auf die nächste Team-Sitzung geben
die abschließende Runde gestalten, z. B.
■ eine Feedbackrunde zur Team-Sitzung abhalten
■ gegenseitig gute Wünsche aussprechen
Dank an die Team-Mitglieder für ihre Mitwirkung und für die Erreichung der Ergebnisse

Gesprächsführung

Die Gesprächsführung bei Team-Besprechungen kann gemäß der unterschiedlichen Team-Konstellationen (s. Kapitel 1, Team-Konstellationen) von verschiedenen Personen übernommen werden. Infrage kommen:

- die Leitung der Einrichtung

- die stellvertretende Leitung der Einrichtung

- die Leitung oder eine MitarbeiterIn der jeweiligen Abteilung

- die Gruppenleitung

- ein Mitglied eines Gruppen-Teams

- eine speziell für diese Aufgabe beauftragte MitarbeiterIn

- eine der externen Fachkräfte

Somit ergeben sich folgende Variationsmöglichkeiten:

Team-Konstellation	Gesprächsführung
Gesamt-Team	- Leitung der Einrichtung - stellvertretende Leitung der Einrichtung - Leitung oder MitarbeiterIn der jeweiligen Abteilung - Gruppenleitung - Mitglied des Gruppen-Teams - speziell für diese Aufgabe beauftragte MitarbeiterIn - externe Fachkraft
Abteilungs-Teams	- Leitung der Einrichtung - stellvertretende Leitung der Einrichtung - Leitung oder MitarbeiterIn der jeweiligen Abteilung - Team-Mitglied dieser Abteilung
Gruppen-Teams	Leitung der Einrichtung - stellvertretende Leitung der Einrichtung - Leitung oder MitarbeiterIn der jeweiligen Abteilung - Gruppenleitung - Mitglied des Gruppen-Teams

Team-Konstellation	Gesprächsführung
Experten- oder Fachteams	Leitung der Einrichtung ■ stellvertretende Leitung der Einrichtung ■ Leitung oder MitarbeiterIn der jeweiligen Abteilung ■ Gruppenleitung ■ speziell für diese Aufgabe beauftragte MitarbeiterIn
Teams, die bestimmte Aufgaben übernehmen	Leitung der Einrichtung ■ stellvertretende Leitung der Einrichtung ■ Leitung oder MitarbeiterIn der jeweiligen Abteilung ■ speziell für diese Aufgabe beauftragte MitarbeiterIn
Projekt-Teams	Leitung der Einrichtung ■ stellvertretende Leitung der Einrichtung ■ Leitung oder MitarbeiterIn der jeweiligen Abteilung ■ Mitglied des Gruppen-Teams ■ speziell für diese Aufgabe beauftragte MitarbeiterIn ■ externe Fachkraft
Teams mit externen Fachleuten	Leitung der Einrichtung ■ stellvertretende Leitung der Einrichtung ■ Leitung oder MitarbeiterIn der jeweiligen Abteilung ■ Gruppenleitung ■ speziell für diese Aufgabe beauftragte MitarbeiterIn ■ externe Fachkraft

Die Gesprächsführung kann auch einer hinzugezogenen Fachperson übertragen werden, beispielsweise einer FortbildnerIn, FachberaterIn, ModeratorIn, SupervisorIn, einem Coach oder einer auf einen Fachbereich spezialisierten ExpertIn. Dies bietet sich beispielsweise an, wenn

■ im Team Schwierigkeiten oder Probleme zu lösen sind,

■ eine Konfliktlösung ansteht, insbesondere wenn die Team-Leitung selbst in den Konflikt involviert ist,

■ spezifische Themen anstehen, zu denen ein fachkompetenter Input von einer speziell qualifizierten Fachkraft erforderlich ist, oder

■ die Team-Leitung als gleichberechtigtes Team-Mitglied an der Team-Besprechung teilnehmen und deshalb die Gesprächsführung einmal nicht übernehmen möchte.

Moderation

Eine spezielle Form der Gesprächsführung bei Team-Besprechungen stellt die Moderation dar. Hierbei geht es darum, das Team systematisch dabei zu unterstützen,

- sich eine Meinung zu bilden,

- die eigene Meinung aktiv einzubringen,

- Willensbildungs-Prozesse zu initiieren,

- ziel- und ergebnisorientiert vorzugehen,

- störungsfrei zu kommunizieren und

- zu einem gemeinsam getragenen Ergebnis zu kommen.

Ein Charakteristikum der Moderation im Gegensatz zur Gesprächsführung besteht darin, dass die ModeratorIn lediglich den Prozess der Themenbehandlung moderiert bzw. leitet, sich selbst aber inhaltlich nicht einbringt.

Bei komplexen Themen, an deren Erarbeitung sich die Team-Leitung ebenfalls beteiligen möchte, ist es durchaus sinnvoll, die Moderation einer externen Fachkraft zu übergeben. Ansonsten kann die Moderation von der Team-Leitung oder von einem anderen Team-Mitglied übernommen werden.

 Aufgaben einer ModeratorIn

Die Moderatorin

- übernimmt die Moderation und Gesprächsführung,

- schafft eine angenehme Atmosphäre,

- beobachtet die Team-Mitglieder genau, um individuell auf sie eingehen zu können,

- motiviert alle Team-Mitglieder zur aktiven Beteiligung,

- leitet die einzelnen Team-Mitglieder ressourcenorientiert an,

- steuert und unterstützt die Team-Mitglieder bei diesem (Gruppen-)Prozess,

- strukturiert den Verlauf,

- setzt individuell geeignete Methoden ein,

- verwendet ansprechende Materialien zur Visualisierung der Aussagen,

- achtet darauf, dass die Team-Mitglieder beim Thema bleiben,

- verfolgt die Zielrichtung,

---

noch: Aufgaben einer ModeratorIn

- führt die Teilnehmenden bei Abweichungen zum Thema zurück,

- achtet darauf, dass Störungen vermieden bzw. behoben werden,

- verdeutlicht gegensätzliche Sichtweisen und Vorhaben,

- stellt aufdeckende, weiterführende, provozierende etc. Fragen,

- bringt Theorien, praktische Beispiele oder Absurdes ein, um das Gespräch in Gang zu halten,

- nutzt Humor zur Auflockerung,

- greift schwierige und konflikthafte Situationen auf und leitet die Lösung an,

- fasst Inhalte zusammen,

- formuliert Zwischen- und Endergebnisse,

- fordert ein, dass die Aufgaben eindeutig vergeben bzw. angenommen werden,

- kümmert sich darum, dass die Aufgabenverteilung angemessen und gerecht vorgenommen wird,

- leitet die konkrete zeitliche Planung der Aufgaben an,

- schenkt den Beteiligten für ihre Beiträge Anerkennung,

- achtet auf die Einhaltung der vereinbarten Zeit,

- bietet die Möglichkeit für Schluss-Statements der Team-Mitglieder,

- ermöglicht Feedbacks,

- fasst am Ende den Besprechungsverlauf, die Zwischenergebnisse und das Endergebnis zusammen,

- hält ggf. noch offene Aspekte fest und plant, wann diese behandelt werden, und

- führt die Besprechung zu einem klaren Abschluss.

Methoden zur Gestaltung von Team-Besprechungen

Für die Durchführung von Team-Besprechungen gibt es vielfältige Methoden, die nicht nur auf die reine Gesprächsform begrenzt sind, sondern auch weitere Gestaltungsformen ermöglichen.

Die Methoden können je nach Thema, Team-Konstellation, Qualifizierung der Team-Leitung, Kompetenzen der Team-Mitglieder, zur Verfügung stehender Zeit, räumlichen Gegebenheiten sowie vorhandenen Medien und Materialien eingesetzt werden.

Eine methodisch vielfältig gestaltete Team-Besprechung trägt dazu bei,

- themenzentriert und mitarbeiterorientiert zu arbeiten,

- zielorientiert vorzugehen,

- anschaulich und praxisbezogen zu agieren,

- verschiedene methodische Vorlieben der Team-Mitglieder anzuwenden,

- zur aktiven Mitarbeit zu motivieren,

- für Abwechslung zu sorgen,

- die Konzentrationsfähigkeit aufrechtzuerhalten,

- Kurzweil zu schaffen,

- die Kreativität der Team-Mitglieder zu wecken,

- effektiv zu arbeiten,

- Zufriedenheit zu erreichen und

- den Team-Geist zu stärken.

Die Methoden lassen sich grob einteilen in:

- Methoden zur Begrüßung

- Methoden zum Warming-up und zum Einstieg in das Thema

- Methoden zur Themensammlung

- Methoden zur Ideensammlung

- Methoden zur Themenfestlegung

- Methoden zur Themenbearbeitung

- Methoden zur Konfliktbehandlung und -lösung

- Methoden für den Austausch

- Methoden für die Kleingruppen-Arbeit

- Methoden zur Problembehandlung

- Methoden zur Entscheidungsfindung

- Methoden zur Feststellung der Befindlichkeiten

- Feedbackmethoden

- Methoden zur Metakommunikation

- Methoden zur Reflexion

- Methoden zur Auswertung

- Methoden für Fallbesprechungen

- Methoden zur Verabschiedung

Im Folgenden erhalten Sie zu den einzelnen methodischen Bereichen konkrete Methoden als Anregungen, die Sie bei Team-Besprechungen einsetzen können. Bei der individuellen Anpassung und Veränderung dieser Methoden können Sie Ihre Kreativität frei entfalten.

Methoden zur Begrüßung

Verbale Begrüßung

Die Team-Leitung und die Team-Mitglieder begrüßen sich mit einem freundlichen „Hallo" oder einer anderen passenden Begrüßungsformel.

Begrüßung mit einem Lächeln

Die Team-Mitglieder blicken sich zur Begrüßung reihum einmal gegenseitig mit einem Lächeln an.

Begrüßungs-Tanz

Die Team-Mitglieder bewegen sich frei tanzend zu schwungvoller Musik im Raum. Auf ein akustisches Signal hin unterbrechen sie ihren Tanz und vollziehen jeweils mit allen anderen Team-Mitgliedern eine nonverbale Begrüßungsform. Beispielsweise

- nicken sie sich zu,

- lächeln sie sich an,

- machen sie eine Verbeugung,

- klatschen sie sich mit den Händen ab,

- vollführen sie einen gegenseitigen Hüftschwung oder

- legen sie die Hände aneinander und machen eine kleine Verbeugung (asiatische Begrüßung).

Die jeweilige Begrüßungsform kann von der Leitung oder den Team-Mitgliedern eingebracht werden.

 Methoden zum Warming-up und zum Einstieg in das Thema

Informeller Austausch

Um am Anfang miteinander in Kontakt zu kommen, kann beispielsweise ein Zeitrahmen von fünf Minuten zum informellen Austausch der Team-Mitglieder anberaumt werden.

Geschichte erzählen

Die Team-Leitung oder ein Team-Mitglied erzählt eine Geschichte, die beispielsweise

- einen Bezug zur aktuellen Situation der Team-Mitglieder hat,

- Werte, die in der Einrichtung verwirklicht werden, beinhaltet,

- pädagogische Themen thematisiert,

- zum Nachdenken anregt,

- meditativ wirkt oder

- einfach schön ist.

noch: Methoden zum Warming-up und zum Einstieg in das Thema

Zeitungsartikel vorlesen

Die Team-Leitung oder ein Team-Mitglied liest einen Zeitungsartikel vor, der z. B.

- die Einrichtung, die Arbeit des Teams oder die Team-Mitglieder betrifft,

- zu dem Thema passt, das in der Team-Besprechung behandelt wird,

- provozierend wirkt,

- Bestätigung vermittelt oder

- kontrovers diskutiert werden kann.

Gedicht vortragen

Die Team-Leitung oder ein Team-Mitglied trägt ein Gedicht vor, das beispielsweise

- jahreszeitlich passt,

- dem Gemüt gut tut,

- von Kindern handelt,

- eine kritische Sichtweise hervorruft oder

- zum Nachdenken anregt.

Rätsel stellen

Die Team-Leitung stellt ein Rätsel, z. B. eines,

- dessen Lösung in Bezug zum aktuellen bzw. ersten Thema der Team-Besprechung steht oder dies als Lösung benennt,

- das zum in der Einrichtung mit den Kindern gerade behandelten Thema passt,

- das lustig ist,

- knifflig zu lösen ist oder

- sich auch für die Kinder eignet.

Lied anhören

Die Team-Leitung oder ein Team-Mitglied wählt ein Lied aus, das gemeinsam angehört wird, z. B. ein Lied

- mit einer anregenden Melodie,

- mit einer beruhigenden Melodie,

- einer anderen Kultur, wenn interkulturelle Erziehung Thema ist,

- mit einer religiösen Aussage, wenn über Religiosität gesprochen wird,

- das von Kindern handelt oder

- das zur Jahreszeit passt.

noch: Methoden zum Warming-up und zum Einstieg in das Thema

Filmausschnitt betrachten

Gemeinsam wird ein Ausschnitt aus einem Film betrachtet, der beispielsweise

- ein aktuelles Thema aufgreift,

- Praxisbeispiele vermittelt,

- wichtige Nachrichten beinhaltet,

- neu auf dem Markt ist,

- in der Einrichtung gedreht wurde oder

- sich zur Betrachtung mit den Kindern eignet.

Akrostichon

Das Thema der Team-Besprechung (wenn es aus einem Begriff besteht) oder der Haupt- bzw. Schlüsselbegriff des Themas wird so auf ein Blatt Papier geschrieben, dass die Buchstaben des Wortes senkrecht untereinander stehen.

B

I

L

D

U

N

G

S

P

L

A

N

Frei assoziierend schreiben die Team-Mitglieder jeweils auf ihr Akrostichon dazugehörende Begriffe. Dabei kann der vorgegebene Buchstabe am Anfang des eigenen Begriffs stehen sowie in der Mitte oder am Ende.

Buchstabenkreis

Zum Thema der Team-Besprechung nennen die Team-Mitglieder reihum passende Begriffe, wobei der Begriff des einen mit dem Buchstaben beginnen muss, mit dem der Begriff der vorherigen KollegIn endete, z. B. Thema Bildungsplan: Spie**l** – **L**erne**n** – **N**eugie**r** – **R**esilien**z** – **Z**iele …

noch: Methoden zum Warming-up und zum Einstieg in das Thema

Gesprächs-Karussell

Die Team-Mitglieder stellen sich in zwei Kreisen auf, sodass je ein Team-Mitglied des Innenkreises einem Team-Mitglied des Außenkreises gegenüber steht.

Die Team-Leitung stellt eine Frage, die in Zusammenhang mit dem zu behandelnden Thema steht, zu der sich die Team-Mitglieder, die sich zu zweit einander gegenüberstehen, austauschen.

Nach einer gewissen Zeit, während der die Paare gut auf die Frage eingehen konnten, wechseln die im Außenkreis Stehenden einen Platz im Uhrzeigersinn weiter, sodass sich nun neue Paare bilden, die sich zu derselben Frage ihre Gedanken mitteilen.

Möglich ist nun eine weitere Runde, in der dieselbe Frage behandelt wird, oder aber die Team-Leitung wirft eine neue Frage oder Aussage ein.

Mögliche Fragen sind beispielsweise:

- Was fällt euch spontan ein, wenn ihr … hört?

- Welche Theorien kennt ihr zu …?

- Welche praktischen Erfahrungen habt ihr schon mit … gemacht?

- Welche Fragen habt ihr zu …?

Methoden zur Sammlung von Themen

Jahresvorschau

Alle Themen, die jedes Jahr in Team-Besprechungen thematisiert werden müssen, werden anhand der Jahresplanung und bestehender Protokolle zu den Team-Besprechungen in einer Übersicht zusammengestellt.

Diejenigen Themen, die im vorangegangenen Kindergarten- bzw. Schuljahr nicht behandelt werden konnten, werden ergänzt.

Die Team-Leitung stellt den Team-Mitgliedern diese Themen vor, die die Liste dann ergänzen.

Sammlung von Themen vorab auf einem Plakat

Auf ein im Team-Raum ausgehängtes Plakat schreiben die Team-Mitglieder die Themen, die sie bei der nächsten Team-Besprechung einbringen möchten. Hierbei kann unterschieden werden,

- ob es sich um dringende oder wichtige Themen handelt und

- in welcher Team-Konstellation die Themen besprochen werden sollen, z. B. im Gesamt-Team oder im Gruppen-Team.

Informationen an die Leitung

Vor der jeweiligen Team-Besprechung informieren die Team-Mitglieder die Leitung über gewünschte Themen

- mündlich oder

- mittels einer kurzen schriftlichen Information.

Methoden zur Gestaltung von Team-Besprechungen

noch: Methoden zur Sammlung von Themen

Themen-Kasten

In einen im Team-Raum stehenden, evtl. geschlossenen Themen-Kasten werfen die Team-Mitglieder Zettel mit ihren Themenvorschlägen ein. Diese werden am Anfang der Team-Besprechung verlesen.

Brainstorming

Die Team-Mitglieder sagen zu Beginn der Team-Besprechung spontan, welche Themen ihnen einfallen. Diese Themen werden auf einem Plakat gesammelt.

Anonyme Themensammlung auf Präsentationskarten

Die Team-Mitglieder schreiben zu Beginn der Sitzung ihre Themen auf Präsentationskarten – je ein Thema auf eine Karte. Die Präsentationskarten werden eingesammelt, von der Team-Leitung vorgelesen und auf ein Plakat geklebt.

 Methoden zur Festlegung von Themen

Festlegung durch die Team-Leitung

Die Team-Leitung legt die vorliegenden Themen vor der Team-Besprechung fest. Zu Beginn der Team-Besprechung können weitere Themen der Team-Mitglieder aufgenommen werden.

Vorauswahl durch eine beauftragte MitarbeiterIn

Eine von der Team-Leitung beauftragte MitarbeiterIn legt die Themen fest. Dazu erhält sie von der Team-Leitung konkrete Anweisungen, wie beispielsweise

- welche Themen grundsätzlich Vorrang haben,

- welche Themen bei der anstehenden Team-Besprechung auf jeden Fall behandelt werden müssen oder

- wie die Themen nach Dringlichkeit und Wichtigkeit einzustufen und einzuplanen sind.

Gewichtung durch die ThemeneingeberIn

Die Team-Mitglieder sagen, wie wichtig bzw. dringlich ihnen ihr Thema jeweils ist und ob sie Wert darauf legen, dass es bei dieser Team-Besprechung behandelt wird.

Bepunktung der Themen

Die einzelnen auf einem Plakat gesammelten Themen werden von den Team-Mitgliedern bepunktet, z. B. indem jedes Team-Mitglied

- drei Klebepunkte für die ihm am wichtigsten erscheinenden Themen vergibt oder

- gemäß seiner Einschätzung der Bedeutung zu jedem Thema 0 bis 10 Punkte vergibt.

Die Punkte, die für die einzelnen Themen vergeben wurden, werden addiert; die Themen werden in der Reihenfolge der Punktezahlen behandelt.

Abstimmung

Die Team-Mitglieder stimmen per

- Handzeichen oder

- Wortmeldung ab,

welche Themen sie behandeln möchten.

Methoden zur Sammlung von Ideen

Kreative Mauschelgruppen

Die Team-Mitglieder setzen sich in kleinen Gruppen zusammen und sammeln Ideen zum Thema.

Ein Team-Mitglied jeder Kleingruppe hält diese Ideen schriftlich fest.

Die Ideen werden dann im Plenum zur weiteren Bearbeitung eingebracht.

Blitzlicht

Die Team-Mitglieder sagen spontan, was ihnen zum Thema einfällt.

Ein Team-Mitglied hält diese Ideen auf einem Plakat fest.

Gegenstands-Assoziation

Die Team-Leitung wählt verschiedene Gegenstände aus, die zum Thema passen, beispielsweise zum Thema Naturwissenschaften ein Buch mit Anleitungen für Experimente, ein Mikroskop, eine Pipette, einen Gaskocher, ein Reagenzglas, ein Portfolio und die Konzeption.

Nacheinander zeigt sie die einzelnen Gegenstände den KollegInnen, die dazu Assoziationen äußern, die auf einem Plakat notiert werden.

Stadt-Land-Fluss thematisch abgewandelt

Anstatt der drei Begriffe des ursprünglichen Spiels werden zu einem Thema passende Begriffe vorgegeben, zum Thema „Eingewöhnungszeit" beispielsweise

- Eingewöhnung,
- Beziehungsaufbau und
- Elternarbeit.

Der Spielverlauf und die Bepunktung der Ergebnisse entsprechen dem originalen Spiel.

Die während des Spiels gesammelten Begriffe bilden den Ausgangspunkt für die weitere Themenbesprechung.

Bunte-Karten-Methode

Drei Inhalte oder Fragen zum Thema werden jeweils auf eine Karte geschrieben, wobei jede Karte eine andere Farbe hat. Diese Karten sind nebeneinander auf ein Plakat geklebt und die Inhalte oder Fragen werden den Team-Mitgliedern vorgetragen.

Jedes Team-Mitglied erhält ebenso drei Karten in diesen Farben, auf die es seine Ideen gemäß der vorgegebenen Inhalte oder Fragen schreibt.

Im nächsten Schritt tragen die Team-Mitglieder ihre Ideen vor – jeweils zu einer der Fragen.

Die Karten der Team-Mitglieder werden unter die jeweiligen Karten auf dem Plakat geklebt.

Provokations-Methode

Anstatt geeignete Ideen zu sammeln, werden die Team-Mitglieder bei der Provokations-Methode aufgefordert, all das einzubringen, was sicher nicht möglich ist.

Diese Beiträge werden untereinander auf ein Plakat geschrieben.

Im nächsten Durchlauf geht es darum, diese Unmöglichkeiten umzukehren bzw. Alternativen dazu zu finden, die realisierbar sind.

noch: Methoden zur Sammlung von Ideen.

Ketten-Geschichte

Das Thema bzw. die Fragestellung wird den Team-Mitgliedern mitgeteilt.

Zum Satzanfang „Also mir fällt dazu ein…" äußern die Team-Mitglieder der Reihe nach ihre Einfälle.

Interview

Jedes Team-Mitglied erhält einen Bogen Papier mit jeweils einer anderen Frage zum Thema.

Nun gilt es, allen anderen Team-Mitgliedern diese Frage zu stellen und durch geschicktes Nachfragen mit offenen Fragen möglichst viele und wertvolle Antworten zu erhalten, die dann im Plenum vorgestellt und weiter behandelt werden.

Farbiger Bodenteppich

Jedes Team-Mitglied erhält mehrere verschiedenfarbige Moderationskarten.

Auf je eine Moderationskarte schreiben die Team-Mitglieder je einen Aspekt zum Thema, insgesamt jedoch möglichst viele.

Die einzelnen Aspekte werden dann nacheinander auf den Boden gelegt, wobei die MitarbeiterInnen darauf achten, sie nach inhaltlichen Zusammenhängen zu sortieren, um einen systematischen Gesamtüberblick herzustellen.

 Methoden zur Bearbeitung von Themen

Gespräche

Themen können in einem fachlichen Gespräch aller beteiligten Team-Mitglieder bearbeitet werden.

Moderation

Die Behandlung von Themen kann moderiert werden (s. Abschnitt über Moderation).

Diskussionen

Diskussionen eignen sich beispielsweise, um

- ein Thema zu besprechen,
- eine Fragestellung zu klären oder
- eine Meinungsbildung zu ermöglichen.

Die Diskussion kann z. B. eingeleitet werden mit

- der Angabe des Diskussionsziels,
- einer Fragestellung,
- einem einführenden Text,
- einem Kurzvortrag,
- einem provozierenden Statement,
- einem Fachartikel zum Thema,
- einer These/Hypothese und
- einem Praxisbeispiel.

noch: Methoden zur Bearbeitung von Themen

Abschließend ist es beispielsweise möglich,

- bedeutende Inhalte der Diskussion zu wiederholen,
- Diskussionsbeiträge zusammenzufassen,
- das Diskussionsergebnis zu formulieren,
- den Verlauf der Diskussion zu beschreiben,
- eine neue Fragestellung aufzustellen oder
- eine neue These zu formulieren.

Systematische Themenbehandlung

Die Team-LeiterIn nennt das zu behandelnde Thema und erläutert es kurz.

Jedes Team-Mitglied erhält einen Fragebogen, z. B. mit den folgenden Fragen, die es für sich schriftlich beantwortet.

- Wie verstehe ich das Thema, was sagt es für mich aus?
- Wie kann ich das Thema anschaulich formulieren?
- Was gehört alles zu diesem Thema?
- Welche Bedeutung hat das Thema für meine Arbeit?
- Welche Bedeutung hat das Thema für mich persönlich?
- Welche positiven Aspekte stecken in diesem Thema?
- Welche negativen Aspekte stecken in diesem Thema?
- Was weiß ich zu diesem Thema, was kann ich dazu einbringen?
- Welche Fragen habe ich zu dem Thema?
- Wie stelle ich mir die Themen-Behandlung vor?

Es wirkt sich positiv aus, wenn während solcher Phasen der Stillarbeit beruhigende Musik gespielt wird. Am besten verwenden Sie stets dieselbe Musik. Dann kennen die Team-Mitglieder die Musik bereits und müssen sich nicht auf die Musik konzentrieren, sondern können sich gleich intensiv auf die Bearbeitung der Aufgabe einlassen.

Haben die MitarbeiterInnen alle Fragen beantwortet, tragen sie die Antworten zu den einzelnen Fragen jeweils gesammelt vor.

Im Anschluss wird das Thema weiter behandelt, beispielsweise im Gespräch oder in Kleingruppen, wobei speziell auch darauf eingegangen wird,

- wie das Thema einvernehmlich konkret und anschaulich formuliert wird,
- welche Inhalte zu diesem Thema gehören und besprochen werden sollen,
- welche Bedeutung das Thema für die Arbeit hat,
- die Wertschätzung der positiven Aspekte des Themas,
- die Behandlung der negativen Aspekte mit Möglichkeiten zum Umgang damit,
- das Zusammentragen des Wissens und der Erfahrungen zu und mit dem Thema und
- die Klärung der offenen Fragen.

Steht nur ein begrenzter Zeitrahmen zur Verfügung, können die Fragen auch verbal gestellt und beantwortet werden.

noch: Methoden zur Bearbeitung von Themen

Umsetzungsplan

Die Maßnahmenplanung kann im Groß-Team oder in Kleingruppen erarbeitet werden. Dazu erörtern die Team-Mitglieder folgende Fragen zu einem Thema und halten sie schriftlich fest:

- Worum geht es genau?
- Was ist die konkrete Aufgabe, die wir zu erfüllen haben?
- Was sollen wir umsetzen oder erreichen?
- Wie sollen wir es umsetzen oder erreichen?
- Wie können wir es umsetzen oder erreichen?
- Welche Schwierigkeiten können sich bei der Umsetzung ergeben?
- Wie können wir diese Schwierigkeiten vermeiden oder beheben?
- Wer kann welche Aufgabe übernehmen?
- Wer kann wen wobei wie unterstützen?
- Welche Hilfen von außen können wir mit einbeziehen?
- Wann können wir mit der Umsetzung beginnen?
- Was müssen wir vor dem Start noch klären?
- Wann können wir mit der Umsetzung fertig sein?
- Anhand welcher Kriterien können wir erkennen, ob wir die Aufgabe erfolgreich erledigt haben?

Markt der Ideen

Auf mehrere im Raum ausgelegte oder aufgehängte Plakate werden zum aktuellen Thema verschiedene Inhalte bzw. Stichworte oder Fragen notiert.

Jedes Team-Mitglied nimmt einen Stift, geht von Plakat zu Plakat und schreibt seine Ideen, seine Erfahrungen, sein Wissen etc. dazu, wobei es auch durch die Notizen der anderen KollegInnen inspiriert wird.

Um sich ganz auf die Aufgabe und die eigenen Beiträge konzentrieren zu können, wird während dieser Phase nicht gesprochen.

Wenn jedes Team-Mitglied mindestens zweimal bei jedem Plakat war, liest je eine MitarbeiterIn die Notizen auf einem Plakat vor, die dann in die weitere Themenbehandlung einbezogen werden.

Schritt für Schritt zum Ziel

Auf einem Plakat mit der Überschrift „Schritt für Schritt zum Ziel" werden mit etwas Abstand untereinander sieben Moderationskarten geklebt, auf denen steht:

- Unser Auftrag
- Unser Ziel
- Voraussetzungen, die wir schaffen müssen, um den Auftrag zu erfüllen und das Ziel zu erreichen
- Aktionen, die wir umsetzen müssen, um den Auftrag zu erfüllen und das Ziel zu erreichen
- Mögliche Hindernisse und Schwierigkeiten, die uns dabei im Weg stehen können
- Möglichkeiten, wie wir diese Hindernisse und Schwierigkeiten überwinden können
- Anregungen, die uns auf dem Weg der Aufgabenerfüllung und Zielerreichung weiterbringen können

Schritt für Schritt werden die Fragen bis zur Zufriedenheit aller Beteiligten besprochen und die Ergebnisse schriftlich festgehalten.

Methoden für den Austausch

Vortrag

Um einen inhaltlichen Input für einen Austausch zu geben, hält die Team-Leitung oder ein Team-Mitglied einen kurzen Vortrag.

Gespräch

Im Gespräch tauschen sich die KollegInnen beispielsweise über praktische Erfahrungen aus.

Freie Assoziation

Die Team-Mitglieder bringen im Plenum in Form freier Assoziation ihre Gedanken, ihr Wissen, ihre Gefühle, ihre Visionen, ihre Befürchtungen etc. für einen Austausch ein.

Mauscheln

Je zwei bis fünf KollegInnen setzen sich zusammen und tauschen sich zum Thema oder zu einer Fragestellung aus.

Die Ergebnisse ihrer Mauschelrunden bringen sie dann im Plenum ein.

Wanted: Steckbrief

Jede MitarbeiterIn erstellt einen Steckbrief, beispielsweise mit

- ihrem Namen,

- einem selbst gemalten Bild, das ihre Einstellung zum Thema veranschaulicht,

- Wanted: ob sie das zu Besprechende möchte bzw. nicht möchte und

- einer Begründung, warum sie es möchte bzw. nicht möchte.

Die Steckbriefe werden ausgehängt und (vor-)gelesen, bevor es in die Diskussion geht.

Bebilderter Austausch

Die Team-KollegInnen bringen beispielsweise zu Themen aus der Praxis Fotos mit, die sie von den Kindern in ihrer Gruppe gemacht haben, um den Austausch an Erfahrungen zu veranschaulichen.

Literarischer Austausch

Zu einem zu behandelnden Thema bringen die MitarbeiterInnen Bücher mit, deren Inhalte sie den KollegInnen zusammengefasst vorstellen.

Dies können beispielsweise sein:

- Fachbücher zu den Fächern und Themenbereichen Bildung und Erziehung

- Fachbücher anderer Fachbereiche

- Fachbücher für Eltern

- Bücher mit praktischen Anregungen

- Bilder-, Kinder- und Jugendbücher

noch: Methoden für den Austausch

Austausch der Beobachtungen

Jedes Team-Mitglied bringt einen Beobachtungsbogen mit.

Der Austausch kann sich z. B. beziehen auf

- die Beobachtungsart und den Umgang damit,

- die Art der Bearbeitung des Beobachtungsbogens,

- andere Beobachtungsbogen, die alternativ eingesetzt werden können,

- weitere Fragestellungen, die in die Beobachtung einbezogen werden können,

- die Vorgehensweise bei der Auswertung der Beobachtung,

- weitere Fragestellungen, die in die Auswertung einbezogen werden können,

- die konkreten Ergebnisse der Beobachtungen hinsichtlich des Kindes bzw. Jugendlichen,

- mögliche weitere Erkenntnisse, die sich aus der Beobachtung ableiten lassen,

- gleiche, ähnliche und abweichende Beobachtungen des Kindes bzw. Jugendlichen, die andere KollegInnen gemacht haben,

- mögliche Hilfen für das Kind bzw. den Jugendlichen,

- mögliche Hilfen für die Eltern des Kindes bzw. Jugendlichen und

- geeignete Hilfen, die externe Fachleute erbringen können.

 Methoden für die Arbeit in Kleingruppen

Das ABC-Darium

Die Team-Mitglieder bilden Kleingruppen. Jede Kleingruppe erhält einen Bogen Papier, auf dem oben das zu behandelnde Thema steht und darunter untereinander die einzelnen Buchstaben des Alphabets.

Zu den einzelnen Buchstaben schreiben die Team-Mitglieder Begriffe, die zum Thema gehören.

Die in den Kleingruppen gesammelten Begriffe werden im Plenum vorgetragen und geordnet auf ein Plakat geschrieben.

Arbeitsteilige Aufgaben

Jede Kleingruppe erhält einen Einzelauftrag, der sich von den Arbeitsaufträgen der anderen Kleingruppen unterscheidet.

Ein solcher Arbeitsauftrag kann z. B. darin bestehen,

- zu einem Thema theoretische Informationen zu sammeln,

- Fragen zu einem Thema zu stellen,

- Fragen zu einem Thema zu beantworten,

- mögliche Schwierigkeiten, die bei der Umsetzung eines Planungsvorhabens entstehen können, aufzuschreiben,

---

- Lösungsansätze für mögliche Schwierigkeiten, die bei der Umsetzung eines Planungsvorhabens entstehen können, zu entwickeln,

- die Planung verschiedener Aufgaben, z. B. für einen anstehenden Elternabend, vorzunehmen,

- Ziele für die Öffentlichkeitsarbeit zu formulieren oder

- praktische Anregungen bzw. Angebote für die Kinder bzw. Jugendlichen zu einem Thema zusammenzustellen.

Es kann vereinbart werden, dass die Kleingruppen ihre Ergebnisse visualisieren, z. B.

- auf Plakaten,

- mittels eines Handouts oder

- in Form einer Power-Point-Präsentation.

Nach Ablauf der abgesprochenen Zeit stellen die Mitglieder der Kleingruppen ihre Ergebnisse vor, die die GesprächsführerIn dann hinsichtlich des Themas in einen Zusammenhang stellt.

Parallele Aufgabenerledigung

An die Kleingruppen kann auch dieselbe Aufgabe vergeben werden.

Im Plenum werden die unterschiedlichen Ergebnisse dann zusammengeführt.

Brainwriting in Kleingruppen

Jede Kleingruppe erhält einen Bogen Papier oder ein Plakat, beispielsweise mit

- einem Begriff,

- einer Fragestellung,

- einem Thema oder

- einem Arbeitsauftrag.

Die Mitglieder der Kleingruppe

- schreiben Assoziationen dazu,

- beantworten die Frage,

- behandeln das Thema oder

- erledigen den Arbeitsauftrag und

halten dies auf dem Papier oder Plakat fest.

Nach einer gewissen Zeitdauer werden die Plakate an die nächste Kleingruppe weitergegeben, die – angeregt von den bereits erarbeiteten Ergebnissen – weitere hinzufügt.

Die Plakate können so oft weitergegeben werden, bis alle Kleingruppen alle Aufträge bearbeitet haben.

Die Sammlung der Ergebnisse stellt dann die Grundlage für die weitere Behandlung der Themen dar.

Methoden zur Behandlung von Problemen

Die Ampel auf Grün schalten

Jedes Team-Mitglied erhält drei große runde Präsentationskarten in den Farben Rot, Gelb und Grün mit der Aufgabe, diese wie folgt zu beschriften:

- rote Karte: Kurzbeschreibung des Problems

- gelbe Karte: Ursachen für das Problem

- grüne Karte: Lösungen für das Problem

Zuerst werden die Kurzbeschreibungen des Problems vorgetragen, untereinander auf ein Plakat geklebt und besprochen, im Anschluss die Ursachen und zuletzt die Vorschläge zur Lösung.

Dem folgt dann die Einigung der Team-Mitglieder auf eine Lösung im Gespräch.

Mindmapping

In die Mitte eines Mindmaps (s. Kapitel 3, Leitbild- und Profilentwicklung) wird das Problem geschrieben und an die davon ausgehenden Linien die Namen der Personen, die von diesem Problem betroffen sind.

Mit einem roten Stift werden von diesen Linien ausgehende Verästelungen gezeichnet, zu denen notiert wird, wie sich das Problem negativ auf die jeweilige Person auswirkt.

In grüner Farbe kommen weitere Verästelungen mit Ideen zur Problemlösung hinzu.

Nach dieser Sammlung besprechen die Team-Mitglieder im Plenum oder in Kleingruppen bzw. zu zweit, welches Problemlösungsverfahren sich für die einzelnen der betroffenen Personen eignet.

Die Ergebnisse werden wieder im Plenum vorgetragen und fließen in ein Konzept zur Gesamtlösung mit Aufgabenverteilung und Zeitplanung ein.

Anzapfen

Die MitarbeiterInnen werden gefragt, was sie meinen, wie bestimmte Persönlichkeiten, wie z. B. Maria Aarts, Anne Frank, der Dalai Lama, Jesus etc. das Problem möglicherweise lösen würden.

Diese Vorschläge werden auf ein Plakat geschrieben.

Angeregt durch diese Ideen sammeln die Team-Mitglieder weitere Möglichkeiten zur Problemlösung und werten diese aus, bis eine Entscheidung getroffen werden kann.

Üblich und unüblich

Gilt es, ein Problem zu lösen, kann die Team-LeiterIn die MitarbeiterInnen zu einer Betrachtung aus verschiedenen Perspektiven anregen, indem sie beispielsweise folgende Fragen nacheinander stellt und jede KollegIn auffordert, sie zu beantworten:

- Welche Lösung wäre üblich?

- Welche Lösung wäre unüblich?

- Welche Lösung wäre bekannt?

noch: Methoden zur Behandlung von Problemen

- Welche Lösung wäre neu?

- Welche Lösung wäre sinnvoll?

- Welche Lösung wäre unsinnig?

- Welche Lösung wäre kreativ?

- Welche Lösung wäre langweilig?

- Welche Lösung wäre egoistisch?

- Welche Lösung wäre sozial?

- Welche Lösung wäre mutig?

- Welche Lösung wäre feige?

- Welche Lösung wäre teuer?

- Welche Lösung wäre günstig?

- Welche Lösung wäre populär?

- Welche Lösung wäre unpopulär?

Die Team-Leitung oder eine damit beauftragte MitarbeiterIn protokolliert die Aussagen, damit sie in die anschließende Besprechung zur Behandlung des Problems bzw. zur Ermittlung einer Lösung einfließen können.

Spannend ist es auch, eine solche kreative Runde zu filmen oder auf einen Tonträger aufzunehmen. Das sollte jedoch unauffällig geschehen, um die AkteurInnen in ihrer Kreativität nicht zu hemmen.

Rollenspiel

In einem Rollenspiel können die Team-Mitglieder z. B.

- die Problemsituation darstellen, um

  - sich in die beteiligten Personen einzufühlen,

  - mögliche Ursachen der Problematik zu erfassen und

  - davon abgeleitet Ansätze zur Problemlösung zu gewinnen.

- Lösungsansätze ausprobieren, um

  - zu erleben, welche Auswirkungen sie haben können,

  - während des Rollenspiels weitere Möglichkeiten zu entwickeln und

  - folglich eine geeignete Entscheidung für eine passende und umsetzbare Lösung treffen zu können.

Methoden, um Entscheidungen zu finden

Pro und Contra

Zunächst werden verschiedene Vorschläge gesammelt, beispielsweise

- im Gespräch,

- mittels eines Blitzlichts,

- bei einem Brainwriting oder

- auf beschrifteten Präsentationskarten.

Die GesprächsführerIn schreibt die Vorschläge auf ein Plakat mit drei Spalten untereinander in die linke Spalte, wobei sie darauf achtet, zwischen den Notizen jeweils einigen Abstand zu lassen.

Die Team-Mitglieder nennen zu allen Vorschlägen Argumente, die dafür sprechen. Diese Pro-Argumente werden in die mittlere Spalte geschrieben.

Die von den MitarbeiterInnen genannten Contra-Argumente zu den einzelnen Möglichkeiten werden in der rechten Spalte notiert.

Um die einzelnen Pro- und Contra-Argumente zu gewichten, vergibt jedes Team-Mitglied Punkte zwischen 0 und 10 für die einzelnen Vorschläge.

Die GesprächsführerIn addiert die abgegebenen Punkte je Argument und notiert die Zahlen beim jeweiligen Vorschlag.

Die Punkte zu Pro und Contra zu einem Vorschlag werden jeweils zusammengezählt. Am Ende zeigt sich, welcher Vorschlag die meisten Pro-Punkte erhalten hat.

Nun nehmen die Team-Mitglieder Stellung dazu, ob ihre Entscheidung mit derjenigen übereinstimmt, die bei dieser Bewertung ermittelt wurde. Ist das durch die Bepunktung erzielte Ergebnis für die Team-Mitglieder zufriedenstellend, kann es als Entscheidung bestehen bleiben, andernfalls ist erneut in die Diskussion einzutreten.

Point it up

Die von den MitarbeiterInnen genannten Möglichkeiten zur Entscheidungsfindung schreibt die ModeratorIn untereinander auf ein Plakat. Das Team soll sich nun einigen, wie viele Punkte zwischen 0 und 10 jeder Möglichkeit zugeschrieben werden sollen – wie das Team zu diesen Entscheidungen kommt, bleibt den Team-Mitgliedern überlassen.

Zwei Parteien

Teilt sich das Team in zwei Parteien, von denen die eine für und die andere gegen eine zur Entscheidung gestellte Möglichkeit ist, können die beiden Parteien gegeneinander antreten. Die beiden Gruppierungen stellen sich in je einer Linie mit einem Abstand von ca. einem Meter gegenüber auf.

Ein akustisches Signal, z. B. ein Gongklang, eröffnet die erste Runde, bei der die Team-Mitglieder gleichzeitig ihre Argumente auf die gegnerische Seite „schmettern".

Nach einigen Minuten beendet ein erneutes akustisches Signal die erste Runde.

In der zweiten Runde darf abwechselnd jeweils ein Mitglied einer Partei für seine Sicht argumentieren und dann ein Mitglied der anderen Partei.

Nach einer erneuten Unterbrechung wechseln die Parteien ihre Positionen, indem sie auf die jeweils andere Seite gehen und nun auch die andere Argumentationsweise übernehmen – diejenigen, die ursprünglich dafür waren, müssen nun dagegen argumentieren und umgekehrt.

noch: Methoden, um Entscheidungen zu finden

In der ersten Runde dürfen wieder alle gleichzeitig zu reden beginnen, in der zweiten wird wieder auf wechselseitige Einzelbeiträge geachtet.

Bei einer Runde zur Rückmeldung, zu der sich die Team-Mitglieder wieder an ihre Plätze am Tisch begeben, sagen sie jeweils,

- wie es ihnen bei den einzelnen Runden gegangen ist,
- welche neuen Argumente für sie hinzugekommen sind und
- wie sie die Möglichkeit nun einschätzen.

Möglicherweise kann dann bei einem ruhigen Gespräch eine Entscheidung getroffen werden oder es wird eine weitere Methode eingesetzt, um zu einer Entscheidung zu kommen.

Worst Case-Methode

Wenn es einem Team schwer fällt, sich für eine Lösung oder ein Vorhaben zu entscheiden, kann die Frage nach dem Worst Case gestellt werden: Was kann schlimmstenfalls passieren?

Am besten beantworten die Team-Mitglieder die Frage erst für sich schriftlich und tragen dann ihre Antworten vor.

Danach können weitere Horrorszenarien beschrieben werden.

Meist sind die Ängste aufgrund vager Befürchtungen größer, als dies den tatsächlich möglichen schlimmsten Folgen angemessen wäre. Trotzdem sind durchaus schwerwiegende negative Folgen möglich. Dann gilt es zu erörtern, wie diese vermieden bzw. minimiert werden können. Auch ist abzuklären, ob sie schwerer wiegen als die möglichen Folgen, wenn die Lösung oder das Vorhaben nicht umgesetzt wird.

Öko-Check

Die Ideen, die in die engere Auswahl kommen, können einem Öko-Check unterzogen werden, um sie auf ihre Tauglichkeit hin zu überprüfen. Dazu werden zu jeder Idee folgende Fragen beantwortet:

- Erscheint mir die Idee einleuchtend?
- Welcher Nutzen entsteht für die einzelnen Beteiligten durch die Umsetzung der Idee?
- Welche Schwachpunkte beinhaltet die Idee?
- Wie lassen sich die Schwachpunkte ausmerzen?
- Welche Nachteile entstehen den einzelnen Beteiligten bei der Umsetzung der Idee?
- Wie lassen sich die Nachteile beheben?
- Ist die Idee realisierbar?
- Welche erwünschten Folgen ergeben sich durch die Umsetzung der Idee?
- Welche unerwünschten Folgen ergeben sich durch die Umsetzung der Idee?
- Wie können die unerwünschten Folgen minimiert oder behoben werden?
- Welchen Aufwand verursacht die Realisierung der Idee?
- Wer muss an der Umsetzung der Idee beteiligt werden?
- Wer von den an der Umsetzung beteiligten Personen ist bereit dazu und wer nicht?
- Wie können diejenigen, die noch nicht von der Idee überzeugt oder die nicht bereit sind, sich an der Verwirklichung aktiv zu beteiligen, überzeugt werden?

noch: Methoden, um Entscheidungen zu finden

- Welche Vorbereitungen und Vorarbeiten müssen noch erbracht werden, dass die Idee in die Realität umgesetzt werden kann?

- Wer hat was zu leisten, dass die Idee erfolgreich umgesetzt werden kann?

- Wann kann mit der Realisierung begonnen werden?

Die Beantwortung der Fragen zu den einzelnen Ideen kann im Gesamt-Team vorgenommen werden oder je eine Kleingruppe nimmt sich eine Idee vor und beantwortet die Fragen. Im zweiten Fall werden die Erarbeitungsergebnisse dann im Plenum vorgestellt. Anschließend kann eine Gesamteinschätzung für die einzelnen Ideen abgegeben werden, z. B. anhand der oben beschriebenen Point it up-Methode oder im Gespräch.

Einzelabstimmung

Die Team-Mitglieder haben nach der Erarbeitung verschiedener (Lösungs-)Möglichkeiten die Gelegenheit, darüber abzustimmen, für welche Lösung sie sind. Dabei kann beispielsweise folgendermaßen abgestimmt werden.

Jedes Team-Mitglied hat eine Stimme

Jedes Team-Mitglied gibt seine Stimme ab, indem es

offene Abstimmung

- ein Handzeichen gibt,

- sich bei der entsprechenden Lösung zu Wort meldet und sich ggf. mit einer Begründung dafür ausspricht,

- bei Nennung der Lösung mit dem Daumen nach oben oder nach unten zeigt,

- zu dem Bodenbild mit der gewählten Lösung einen Stimmstein setzt,

- auf das Plakat mit der gewünschten Lösung einen Punkt klebt bzw. malt oder

- auf der Liste mit den Wahlmöglichkeiten einen Strich platziert.

geheime Abstimmung

- das Votum einzeln der Team-Leitung mitteilt,

- die gewählte Lösung auf einen Stimmzettel schreibt und diesen abgibt oder

- einzeln bzw. allein im Raum einen Punkt auf die Rückseite des aufgehängten Blattes mit dem bevorzugten Lösungsvorschlag klebt.

Jedes Mitglied hat mehrere Stimmen

Auf einem Plakat sind die verschiedenen Möglichkeiten festgehalten. Die Team-Mitglieder können beispielsweise

- insgesamt zehn Punkte vergeben, die sich unterschiedlich verteilen lassen, oder

- haben die Möglichkeit, für drei Lösungen je eine Stimme abzugeben.

Abstimmungen im Gruppen-Team

Die Mitglieder jedes Gruppen-Teams stimmen in ihrem Kreis gemeinsam ab, wobei die unter Einzelabstimmung beschriebenen Methoden eingesetzt werden können.

Im Plenum bringen dann die SprecherInnen der Gruppen-Teams die Entscheidung der Gruppe in die Gesamtabstimmung ein.

Methoden zur Feststellung der Befindlichkeit der Team-Mitglieder

Befragung

Die Team-Mitglieder werden nach ihrer aktuellen Befindlichkeit gefragt und antworten

- mündlich oder

- schriftlich.

Bei der schriftlichen Beantwortung kann ein Austausch

- im Plenum,

- in Kleingruppen oder

- unter Paaren

stattfinden.

Blitzlicht

In einer Blitzlicht-Runde beantworten die Team-Mitglieder die Frage „Wie geht es euch?" spontan

- der Reihe nach oder

- durcheinander.

Die Antwort kann

- als Satz formuliert werden oder

- lediglich aus einem Wort bestehen.

Gespräche über die aktuelle Befindlichkeit

Diese Gespräche können

- als Einzelgespräche,

- in Kleingruppen oder

- mit dem gesamten Team

geführt werden.

Assoziative Befindlichkeits-Runde

Um Assoziationen und „Bilder" für die Beschreibung der Befindlichkeit zu verwenden, können die Team-Mitglieder auf den Impuls „Ich fühle mich wie …" antworten, indem sie je nach Einführung bzw. Vorgabe beispielsweise

- ein „Wetterbild" verwenden, z. B. „Ich fühle mich wie ein donnerndes Unwetter.",

- die Assoziation mit einem Tier herstellen, z. B. „Ich fühle mich wie eine Schnecke, die sich in ihrem Schneckenhaus verkriecht." oder

- ein Lied als Anknüpfpunkt auswählen, z. B. „Ich fühle mich wie der Sänger des Liedes ‚Dieser Tag ist wie ein Griff ins Klo'.".

Methoden zur Gestaltung von Team-Besprechungen

noch: Methoden zur Feststellung der Befindlichkeit der Team-Mitglieder

Ein Gedicht oder eine Geschichte verfassen

Jede MitarbeiterIn verfasst ein Gedicht oder eine kurze Geschichte, um zu vermitteln, wie sie sich gerade fühlt.

Wetterbilder auswählen

Jedes Team-Mitglied sucht sich aus einer Auswahl verschiedener Bilder ein Wetterbild aus, das zu seiner aktuellen Befindlichkeit passt, und stellt es dann vor.

Bei den Wetterbildern kann es sich um Zeichnungen, Zeitungsausschnitte oder Fotos handeln.

Der Ablauf kann so gestaltet werden, dass

- zu verschiedenen Wetterlagen je ein Bild im Raum ausgehängt ist und die Team-Mitglieder zu dem Bild gehen, das ihrer Befindlichkeit entspricht, oder

- Wetterbilder in mehrfacher Ausfertigung ausliegen und jedes Team-Mitglied sich eines davon nimmt.

- Alternativ können die MitarbeiterInnen ihr Wetterbild auch selbst malen.

Smiley-Runde

Die Team-Mitglieder veranschaulichen ihr aktuelles Befinden mit verschiedenen Smileys, z. B. einem lachenden, fröhlichen, grimmigen, wütenden etc.

Die Smileys können

- zur Auswahl fertig ausliegen oder

- von den Team-Mitgliedern selbst gemalt werden.

Stimmungsbild auswählen

Jedes Team-Mitglied sucht sich aus verschiedenen bereitliegenden Bildern, z. B. Postkarten oder Zeitungsausschnitten, je eines aus, das zu seiner Stimmung passt.

Alternativ können die Team-Mitglieder auch selbst Stimmungsbilder malen.

Stimmungs-Konzert

Jede MitarbeiterIn wählt ein Musikinstrument, das zu ihrem momentanen Gefühl passt, und spielt damit einen Rhythmus, der dieses Gefühl ausdrückt.

Farbpalette der Befindlichkeit

Mittels Farbkarten, z. B. aus der Farbabteilung eines Handwerkermarktes, zeigen die KollegInnen ihre Befindlichkeit an.

Körperausdruck

Die MitarbeiterInnen zeigen mittels

- ihrer Körperhaltung oder

- einer Bewegung,

wie es ihnen geht.

noch: Methoden zur Feststellung der Befindlichkeit der Team-Mitglieder

Zielscheibe

Auf eine gemalte oder ausgedruckte Zielscheibe kleben die Team-Mitglieder je einen Punkt – je besser es ihnen geht, umso näher zum Mittelpunkt hin.

Hoch-Tief-Runde

Mit dem Daumen zeigen die Beteiligten an, wie hoch oder tief der Stand ihres Befindens ist.

Wasserglas-Methode

Je nach Befinden wird ein Glas mit viel oder wenig Wasser gefüllt.

99 Luftballons

Jedes Team-Mitglied bläst einen Luftballon auf

- vollständig, wenn es ihm sehr gut geht, oder

- dem Befinden entsprechend jeweils weniger.

Feedbackmethoden

Zwei Seiten einer Medaille

Jedes Team-Mitglied erhält eine runde Präsentationskarte. Auf die Vorderseite schreibt es alles, was es angenehm empfunden hat, auf die Rückseite alles, was es unangenehm empfunden hat.

Blumenbeet und Klagemauer

Es werden zwei Plakate aufgehängt,

- ein grünes Plakat: symbolisiert das Blumenbeet und steht für „positive" Kritik

- ein graues Plakat: symbolisiert die Klagemauer und steht für „negative" Kritik

Die Team-Mitglieder schreiben auf bunte Papierblumen, was sie gut fanden, und auf graue Blätter, was sie nicht gut fanden.

Die Blumen werden auf das „Beet" geklebt, die grauen Blätter auf die „Klagemauer".

Entweder lesen die KollegInnen ihre jeweiligen Rückmeldungen vor oder sie werden still gelesen.

Blitzlicht – schnell ausgesprochen

Die Team-Mitglieder werden aufgefordert, sich spontan zu äußern, beispielsweise

- zu den Inhalten,

- zur methodischen Gestaltung oder

- zum Verlauf

der Team-Besprechung.

Methoden zur Gestaltung von Team-Besprechungen

noch: Feedbackmethoden

Blitzlicht – schnell aufgeschrieben

Die MitarbeiterInnen schreiben auf ein vorgefertigtes Blatt mit zwei Wolken

- in die eine Wolke ihre Empfindungen und

- in die andere Wolke ihre Reaktionen

bezüglich der eben durchgeführten Team-Besprechung.

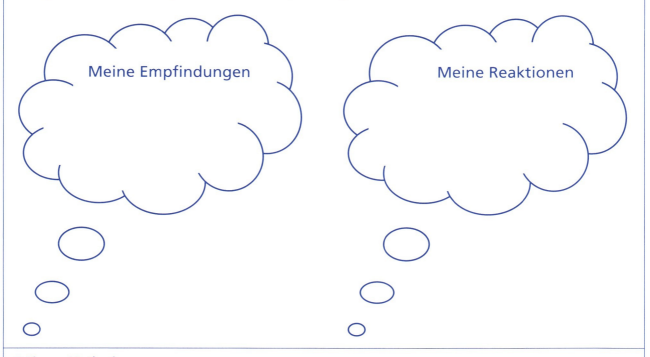

Meine Empfindungen

Meine Reaktionen

5-Finger-Methode

Die Team-Leitung nennt nacheinander verschiedene Kriterien zur Auswertung, z. B.

- Planung und Vorbereitung,

- Gesprächsführung,

- methodische Gestaltung,

- aktive Teilnahme der Team-Mitglieder und

- Ergebnisse.

Je nachdem, wie hoch die Team-Mitglieder die Umsetzung dieses Kriteriums einschätzen, halten sie fünf Finger hoch oder eben weniger bzw. gar keinen.

Theaterkritik

Die MitarbeiterInnen verfassen ihr Feedback in einem kurzen Text, ähnlich einer Theaterkritik.

Streichholz-Methode

Nacheinander zündet jedes Team-Mitglied ein Streichholz an. Während das Streichholz abbrennt, läuft die Zeit für sein individuelles Feedback.

noch: Feedbackmethoden

Würfel und Joker

Für das Feedback werden sechs Kriterien festgelegt, z. B.

- Themenformulierung,

- Moderation,

- Methoden,

- Beteiligung seitens der Team-Mitglieder,

- Zielerreichung und

- Qualität des Ergebnisses.

Der Reihe nach würfelt jedes Team-Mitglied einmal und gibt zu dem Kriterium, das der Zahl seines Würfels entspricht, sein Feedback. Als Joker kommt die Möglichkeit hinzu, zu einem weiteren, frei gewählten Aspekt ein Feedback abzugeben.

Paar-Feedback

Zu Beginn der Team-Besprechung schreibt jedes Team-Mitglied seinen Namen auf einen kleinen Zettel. Diese Zettel werden eingesammelt und dann zieht jede MitarbeiterIn einen Namenszettel.

Während der Team-Besprechung soll jede MitarbeiterIn die KollegIn, deren Namenszettel sie gezogen hat, hinsichtlich ihrer Mitarbeit an der Team-Sitzung beobachten, um ihr am Ende dazu ein Feedback zu geben. Diese Feedbacks werden jeweils zu zweit ausgetauscht.

 ## Methoden zur Reflexion

Regelkreis der Reflexion

Der Regelkreis wird auf einem Plakat veranschaulicht.

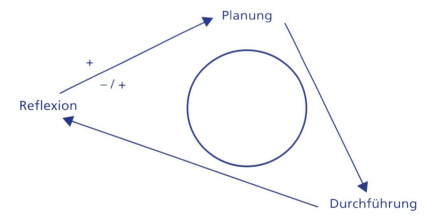

Die Team-Mitglieder greifen ein Element, z. B. die Planung der Team-Besprechung, heraus und schreiben ein Stichwort dazu rechts neben den Begriff „Planung" auf das Plakat.

Zu diesem Aspekt beantworten sie gemeinsam die folgende Frage und notieren die Antworten auf dem Plakat neben „Durchführung".

Beschreibung: Wie ist es gewesen?

noch: Methoden zur Reflexion

Zu „Reflexion" werden die Antworten zu folgenden Fragen gegeben und geschrieben.

- Erklärung und Begründung: Warum ist es so gewesen?

- Bewertung: War es so gut (+) oder nicht (-)?

- Begründung: Warum war es gut bzw. nicht gut?

  Zur Begründung werden Theorien mit herangezogen.

Davon ausgehend werden diese Fragen behandelt und die Ergebnisse links neben „Planung" notiert.

Wenn es gut war:

- Begründung: Warum war es so gut?

  Zur Begründung werden Theorien mit herangezogen.

- Schlüsse ziehen für das künftige Handeln: Was davon werden wir auf welche Art beim nächsten Mal wieder oder vermehrt machen?

  Zur Begründung werden Theorien mit herangezogen.

Wenn es nicht gut war:

- Alternativen-Erörterung: Wie hätten wir es besser machen können?

  +/–Umwandlung des Nicht-Gelungenen in ein gelingendes Vorhaben

- Begründung: Warum ist es so besser?

  Zur Begründung werden Theorien mit herangezogen.

- Schlüsse ziehen für das künftige Handeln: Wie werden wir es künftig machen?

Es geht dabei darum, das Reflektierte und Ausgewertete in positiver Form in die nächste Planung einzubeziehen. Dadurch schließt sich der Regelkreis der Reflexion.

Auf gleiche Weise wird mit anderen Aspekten – ausgehend von der Planung bis hin zur Durchführung der Team-Besprechung – vorgegangen.

Alternativ können auch einzelne Aspekte in Kleingruppen reflektiert werden, die ihre Reflexionsergebnisse dann mitteilen.

Resonanzgruppen

Die Team-Mitglieder bilden Gruppen mit drei bis fünf Mitgliedern. In diesen Kleingruppen reflektieren sie die Team-Besprechung anhand der Reflexionsfragen (s. o. „Regelkreis der Reflexion") und teilen ihre Ergebnisse dann im Plenum mit.

Dreimal hoch und dreimal tief

Jede MitarbeiterIn notiert

- drei Aspekte, die sie für gelungen hält (= hoch) und

- drei Aspekte, die sie für nicht gelungen hält (= tief).

Zu diesen sechs Aspekten beantwortet sie nacheinander die Reflexionsfragen (s. o. „Regelkreis der Reflexion") und teilt ihre Ergebnisse dann dem Team mit.

Methoden zur Auswertung

Einschätzung auf einer vorbereiteten Skala

In einer Übersicht z. B. auf einem Bogen Papier, einem Plakat oder an der Tafel werden vorab verschiedene Aspekte nebeneinander notiert. Folgende Aspekte können beispielsweise in Betracht kommen:

- Themenauswahl

- methodische Gestaltung

- Gesprächsführung

- aktive Beteiligung der Team-Mitglieder

- Qualität der Ergebnisse

Vertikal ist eine Bezifferung beispielsweise von 10 bis 0 angegeben.

	Themen-auswahl	methodische Gestaltung	Gesprächs-führung	aktive Beteiligung	Qualität der Ergebnisse
10					
9					
8					
7					
6					
5					
4					
3					
2					
1					
0					

Die Team-Mitglieder geben ihre Einschätzung (10 = sehr hoch, 1 = sehr niedrig) ab, indem sie bei der Zahl unter dem jeweiligen Aspekt beispielsweise

- einen Klebepunkt anbringen,

- ein entsprechendes Smiley aufkleben,

- ein X schreiben oder

- einen Strich machen.

noch: Methoden zur Auswertung

Zielscheibe

Eine gezeichnete oder ausgedruckte Zielscheibe wird mit vom Mittelpunkt ausgehenden Linien wie eine Torte in acht Teile untergliedert. Außen an die acht Teile werden Kriterien zur Auswertung geschrieben, wie z. B.

- Team-Atmosphäre,
- Themenrelevanz,
- Moderation,
- didaktische Gestaltung,
- methodische Eignung,
- Praxisbezug,
- Erkenntnisgewinn und
- Zeiteinteilung.

Mit Klebepunkten geben die Team-Mitglieder zu den einzelnen Kriterien ihre jeweilige Bewertung ab – je besser, umso näher am Mittelpunkt.

Bewegter Zahlensprung

Um Bewegung in die Auswertung zu bringen, ist es beispielsweise möglich,

- Ziffern von 10 bis 0 in einer Linie auf den Boden zu schreiben,
- Karten mit diesen Zahlen am Boden auszulegen oder
- Zahlenkarten an einem aufgehängten Seil mit Wäscheklammern zu befestigen.

Die Team-Leitung nennt jeweils den Aspekt, den die MitarbeiterInnen einschätzen sollen, und diese stellen sich zu den entsprechenden Zahlen.

Zurufe

Die Beteiligten rufen der GesprächsführerIn ihre Beiträge zur Auswertung spontan und frei formuliert zu.

Schriftliche Auswertung mit einem Fragebogen

Den Team-Mitgliedern wird je ein Fragebogen mit speziell zu dieser Team-Besprechung formulierten Fragen ausgehändigt, die sie schriftlich beantworten.

Positiv-Negativ-Auswertung mit Moderationskarten

Jede MitarbeiterIn bekommt die Aufgabe,

- auf eine grüne Präsentationskarte das, was sie als positiv empfand, und
- auf eine rote Präsentationskarte das, was sie als negativ empfand,

zu schreiben.

noch: Methoden zur Auswertung

Als Impuls können Sie beispielsweise folgende Fragen stellen:

Positive Aspekte

■ Was hat mir gut gefallen?

■ Was habe ich leicht verstanden?

■ Wobei konnte ich gut mitarbeiten?

■ Was hat mich inspiriert?

■ Was hätte ich beim nächsten Mal gerne wieder so?

Negative Aspekte

■ Was hat mir nicht gefallen?

■ Was blieb mir unklar?

■ Woran konnte ich mich nicht beteiligen?

■ Was hat mich wenig berührt?

■ Was hätte ich beim nächsten Mal gerne wie anders?

Die Team-Leitung kann die Auswertung sofort vornehmen, indem sie die Team-Mitglieder ihre Antworten vortragen lässt, oder die Rückmeldungen nach der Team-Besprechung lesen und auswerten und die Ergebnisse beim nächsten Treffen vorbringen.

Frei formulierte schriftliche Auswertung

Die Team-Mitglieder formulieren ihre Angaben zur individuellen Auswertung ohne vorgegebene Fragen frei. Ggf. können als Anregung mögliche Aspekte zur Behandlung genannt werden (s. o. „Positiv-Negativ-Auswertung mit Moderationskarten").

Windrad

Das unten angeführte „Windrad" mit den Beschriftungen wird vorab auf ein Plakat übertragen. In einer Diskussion einigen sich die Team-Mitglieder darauf, was sie jeweils dazu schreiben möchten, da es sich um einen Gruppenbeschluss handelt.

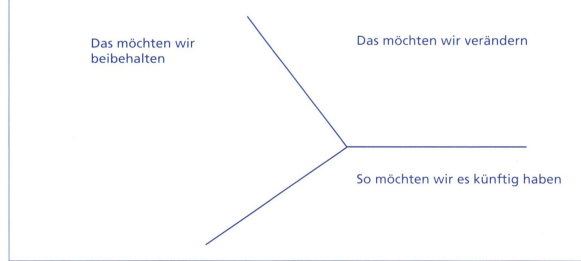

Das möchten wir beibehalten

Das möchten wir verändern

So möchten wir es künftig haben

Methoden zur Verabschiedung

Abschiedsgruß

Die Team-Leitung und die Team-Mitglieder verabschieden sich mit einem gebräuchlichen Abschiedsgruß voneinander.

Abschiedswunsch

Die Team-Leitung und die MitarbeiterInnen sprechen sich zum Abschied gegenseitig einen Wunsch aus.

Abschiedslied

Die Beteiligten singen zum Abschied ein Lied.

Abschiedstanz

Die KollegInnen führen zum Abschied gemeinsam einen Kreistanz durch.

Dank

Die Team-Leitung bzw. die GesprächsführerIn bedankt sich bei den Beteiligten für deren aktive Teilnahme, wobei besondere Beiträge speziell anerkannt werden können.

Metakommunikation

Bei der Metakommunikation geht es darum, zu zweit oder mit mehreren Personen darüber zu sprechen, wie ein bestimmtes Gespräch verlaufen ist. Das kann während einer bewusst angesetzten Unterbrechung der Besprechung oder nach deren Abschluss geschehen.

Der griechische Begriff „meta" bedeutet „höher", „über" oder „darüber hinaus". Bei der Metakommunikation blicken die Team-Mitglieder sozusagen „von oben" bzw. mit Distanz auf die Gesprächssituation, auf die eigene Person sowie auf das Gesagte und auf die dazugehörenden Emotionen, die die Situation und das Verhalten beeinflusst haben.

Das Gespräch bzw. sein Verlauf und das Verhalten der Team-Mitglieder werden dabei rückblickend analysiert. Die Metakommunikation zielt darauf ab, Ursachen und Einflussfaktoren auf den Verlauf des Gesprächs zu erkennen und zu verstehen. Daraus wiederum lassen sich Schlussfolgerungen für weitere Gespräche ziehen und der zukünftige Verlauf kann optimiert werden. Metakommunikation trägt dazu bei, Missverständnisse aufzuklären und die Gesprächskultur sowie das Kommunikationsverhalten zu verbessern.

Bei Metagesprächen wird darauf eingegangen, wie die Team-Mitglieder miteinander kommunizieren, wofür ihre Beziehungen ausschlaggebend sind. Dazu gehört es auch, herauszufinden, ob bei der GesprächspartnerIn das angekommen ist, was der Sender der Botschaft vermitteln wollte.

Folglich kann es hilfreich sein, bei Metagesprächen kommunikationspsychologische Theorien einzubeziehen, wie z. B.

- die Sender-Empfänger-Theorie,

- das Vier-Ohren-Modell nach Schulz von Thun,

- die Transaktions-Analyse,

- die themenzentrierte Interaktion nach Ruth Cohn und

- die personenzentrierte Gesprächsführung nach Carl Rogers.

Trotz der psychologischen Aspekte ist darauf zu achten, die Metakommunikation auf einer kollegialen und sachlichen Basis zu halten (und nicht ins Psychologisieren abzudriften).

Fallbesprechungen

Da Fallbesprechungen eine besondere Form der Team-Besprechungen darstellen, wird hier gesondert darauf eingegangen.

Ein „Fall" kann all das sein, was mit der Situation eines Klienten zu tun hat, wobei KlientInnen z. B. Kinder bzw. Jugendliche und deren Eltern sein können.

Bei einer Fallbesprechung geht es z. B. darum,

- Ursachen, Hintergründe und Auslöser zu ermitteln,

- Zusammenhänge zu erkennen,

- eigene Anteile ans Licht zu bringen,

- angemessene Alternativen hinsichtlich von Sichtweisen und Vorgehensweisen zu entwickeln und

- realisierbare Lösungen und Methoden zu entwickeln und diese in der Praxis umzusetzen.

Zur Vorbereitung auf eine Fallbesprechung im Team ist es sinnvoll, vorab konkrete Angaben und Fragestellungen zusammenzustellen, um den Team-Mitgliedern den Fall kompetent vorzustellen. Dies bildet die Basis für eine effektive Fallbehandlung.

Falldarstellung

- Name des Kindes/Jugendlichen/Elternteils

- Alter des Klienten

- Entwicklungsstand des Kindes/Jugendlichen

- bisherige Erfahrungen mit dem Klienten

- Beschreibung des Problems

- theoretisches Wissen zur Problematik und Problemlösung

- Fähigkeiten und Kenntnisse des Klienten, die zum Ausgleich der Schwierigkeit bzw. der Schwäche genutzt werden können

- bereits durchgeführte Hilfsmaßnahmen für den Klienten

- bereits geleistete Interventionen im Rahmen der Bildungs- und Erziehungspartnerschaft mit den Eltern

- bereits geleistete Zusammenarbeit mit weiteren Fachleuten

- mögliche zusätzliche Zusammenarbeit mit weiteren Fachleuten

- konkrete Fragestellungen an die Team-Mitglieder

Assoziative Fallbesprechung

Die sogenannte assoziative Fallbesprechung ist eine sehr beliebte und effektive Methode der Fallarbeit. Sie setzt auf die Einfühlung aller Beteiligten in die FalleingeberIn (Person, die den Fall ins Team einbringt) und in die weiteren Beteiligten und bezieht vielfältige Inhalte zur ganzheitlichen Lösung mit ein.

 Assoziative Fallbesprechung im Team

- Fallbeschreibung durch die FalleingeberIn: kurz und sachlich

- ggf. Verständnisfragen seitens der Team-Mitglieder

- Blitzlichtrunde: Welche Empfindungen hat die Fallbeschreibung bei den Team-Mitgliedern ausgelöst?

- Rückmeldung der FalleingeberIn zur Blitzlichtrunde: Welche Äußerungen der Team-Mitglieder waren für sie neu, überraschend, klärend etc.?

- Beschreibung der Falldarstellung und des Verhaltens der FalleingeberIn durch die Team-Mitglieder: „Was ist euch an der Fallbeschreibung und an der FalleingeberIn aufgefallen?"

  - Wie schilderte die FalleingeberIn den Fall?

  - Wie sprach sie dabei?

noch: Assoziative Fallbesprechung im Team

- – Was drückte sie mit Mimik, Gestik und Körperhaltung sowie Bewegungen aus?

- – Was schien ihr dabei wichtig zu sein?

- – Was blieb unklar oder widersprüchlich?

- – Worauf ging sie nicht ein?

- ■ innere Wahrnehmung und Identifikation der Team-Mitglieder zu

  - – Gefühlen

  - – Bildern

  - – Vorstellungen in Bezug auf den Fall und die daran beteiligten Personen

- ■ Fallbearbeitung unter Einbezug geeigneter Methoden, wie z. B. Gespräch, Assoziation, Rollenspiel ggf. konzentriert auf Einzelaspekte wie beispielsweise

  - – die FalleingeberIn

  - – die anderen am Fall beteiligten Personen, z. B. Eltern des Kindes bzw. Jugendlichen

  - – die Verhaltensweisen der Beteiligten

  - – Theorien zum Verständnis des Falles

  - – institutionelle, gesellschaftliche, pädagogische, psychologische und weitere Begründungen, Ursachen und Einflüsse

  - – der Förderbedarf

  - – mögliche Hilfen für die unterschiedlichen Betroffenen

- ■ Erarbeitung von Lösungsansätzen für den gesamten Fall oder bei einem komplexen Fall für Teilaspekte (s. o.)

- ■ Auswahl von Lösungsmöglichkeiten

- ■ Abklären und Festlegen der Lösungsmöglichkeiten

  - – Überprüfung der Eignung der ausgewählten Lösungsansätze

  - – definitive Entscheidung für die Lösungsansätze

- ■ Planung der Umsetzung der Lösungsmöglichkeiten

  - – Was?

  - – Wann?

  - – Wie?

  - – Mit wem?

- ■ Rückmeldung der Team-Mitglieder

  - – Was war ihnen bei dieser Fallbesprechung wichtig?

  - – Was konnten sie für sich daraus lernen?

- ■ Dank der FalleingeberIn an die Team-Mitglieder

Kollegiale Supervision

Kollegiale Supervision ist eine ressourcenorientierte Methode für Mitglieder eines Teams oder verschiedener Teams, um

- die eigene Arbeit in ihren Zusammenhängen reflektierend zu betrachten,

- Aufgaben und Verflechtungen transparent zu machen,

- eine erweiterte Sichtweise zu gewinnen,

- Handlungsmöglichkeiten zu entwickeln, konkretisieren, verstärken oder erweitern,

- Strategien zur Konfliktlösung zu entwickeln,

- die Kommunikation zu fördern,

- die Arbeitsqualität und -zufriedenheit zu erhöhen,

- individuelle und teambezogene sowie weitere Themen intensiv zu behandeln und

- lösungsorientiert zu arbeiten.

Im Gegensatz zur Supervision durch eine nicht dem Team angehörende Supervisorin wird die kollegiale Supervision von den Team-Mitgliedern selbst gestaltet. Die KollegInnen gehören zwar dem Team an, haben aber (meist) keinen direkten Bezug zur Problematik der ThemeneingeberIn. Sie verfügen somit über eine angemessene Distanz und haben folglich einen besseren Überblick.

Kollegiale Supervision kann im Rahmen von Team-Besprechungen eingesetzt werden. Die Leitung oder ein Team-Mitglied übernimmt die Gesprächsführung und wendet dabei eine individuell geeignete Methode, wie z. B. die assoziative Fallbesprechung (siehe oben) an. Neben den Mitgliedern eines pädagogischen Teams oder mehrerer Teams können auch weitere Fachleute, beispielsweise aus der Frühförderung, beteiligt sein.

In jedem Fall gilt die Schweigepflicht über die behandelten Inhalte. Werden Inhalte zu Kindern bzw. Jugendlichen oder deren Eltern besprochen, muss bei der Beteiligung nicht zum Stammteam gehörender Fachkräfte eine Entbindung von der Schweigepflicht vorliegen oder die zu besprechenden Personen werden anonymisiert oder pseudonymisiert.

Die Themen, die bei kollegialen Supervisionen besprochen werden können, sind so vielfältig wie die pädagogische Praxis und die daran beteiligten Menschen. Im Folgenden erhalten Sie einige Anregungen zur methodischen Gestaltung.

Methoden zur Gestaltung kollegialer Supervisionen

Traumfee-Frage

Die Traumfee-Frage bietet eine schöne Möglichkeit, um sich mit allen Sinnen in den Zustand hineinzuversetzen, dass eine problematische Situation bereits gelöst ist. Dies wirkt auf die Beteiligten sehr motivierend und wohltuend.

Fordern Sie die KollegIn, die das Thema eingebracht hat und nun im Raum steht, auf, sich in die problematische Situation hineinzuversetzen.

Bitten Sie die KollegIn, einen Schritt nach vorne zu gehen, die Augen zu schließen und sich auf die folgenden Fragen einzulassen:

- „Stell dir vor, es kommt jetzt eine Traumfee, die das, was dich gerade belastet/beschäftigt/das Problem wegzaubert."

- „Geh in die gelöste Situation hinein."

  - „Wie fühlst du dich?"

  - „Wo in deinem Körper kannst du die Erleichterung spüren?"

  - „Was an deinem Empfinden hat sich geändert?"

- „Was kannst du sehen?"

  - „Wie siehst du dich und die anderen beteiligten Personen?"

  - „Was machst du?"

  - „Wie verhalten sich die anderen Personen?"

- „Was hörst du?"

  - „Was sagen die Menschen um dich herum?"

  - „Wie klingt das?"

  - „Was sagst du?"

  - „Wie sagst du das?"

- „Gibt es einen bestimmten Geruch, der in dieser Situation aufkommt?"

Auf diese Weise imaginiert die Kollegin die Situation einer Lösung mehrsinnig.

Lassen Sie die KollegIn nun beschreiben, wie sie diese gelöste Situation wahrgenommen hat.

Fordern Sie die KollegIn auf, aufzuschreiben, was zu tun ist, um zu dieser gelösten Situation zu gelangen.

Zuerst trägt die KollegIn ihre Ideen vor, dann ergänzen die anderen Team-Mitglieder und Sie selbst diese Möglichkeiten.

Moderieren Sie das Team-Gespräch, bei dem die Reihenfolge der zu vollziehenden Schritte festgelegt wird.

Bitten Sie die KollegIn zum Abschluss, den Ablaufplan vorzulesen.

noch: Methoden zur Gestaltung kollegialer Supervisionen

3 kluge Köpfe und 3 starke Herzen

Mit dieser Methode können Sie weitere Aspekte in die Betrachtung und Entscheidung einbeziehen und zugleich Ressourcen aktivieren.

Bitten Sie die ThemeneingeberIn, die Fragestellung konkret zu formulieren.

Fordern Sie die Team-Mitglieder auf, jeweils auf einen Bogen Papier drei Köpfe und drei Herzen zu malen.

Die Team-Mitglieder sollen sich jeweils drei Menschen vorstellen, die klug sind, und drei, die ein starkes Herz haben, also über hohe emotionale Fähigkeiten verfügen. Die Namen dieser Personen schreiben sie dann zu den Köpfen und Herzen.

Um den Team-Mitgliedern bei der Auswahl dieser Personen zu helfen, können Sie erklären, dass es sich dabei um

- Menschen ihres persönlichen Umfeldes oder
- Persönlichkeiten des öffentlichen Lebens

handeln kann. Bei Unklarheiten nennen Sie konkrete Beispiele, wie

- Eltern, Großeltern, LehrerInnen, KollegInnen, FreundInnen etc.
- SchriftstellerInnen, SchauspielerInnen, PolitikerInnen, WissenschaftlerInnen etc.

Leiten Sie die Team-Mitglieder an, diese Personen imaginär zu fragen, was sie zu dieser Fragestellung sagen, und die Antworten anschließend zu den Köpfen und zu den Herzen zu schreiben.

Bitten Sie alle KollegInnen vorzutragen, was sie aufgeschrieben haben. Sind viele Team-Mitglieder beteiligt, sollen sie nur je eine kluge und eine herzensstarke Aussage vortragen.

Machen Sie es der ThemeneingeberIn zur Aufgabe, sich jeweils für die Beiträge der KollegInnen zu bedanken. Sie soll sich jeweils die Überlegungen aufschreiben, die für sie hilfreich sind.

Fragen Sie die ThemeneingeberIn, welche Beiträge der KollegInnen

- für sie bedeutend und neu sind,
- wie diese ihre Sichtweise und Entscheidung beeinflussen und
- wie weit sie hinsichtlich ihrer Entscheidung nun ist bzw. welche Entscheidung sie getroffen hat.

6-Hüte-Methode

Bei der 6-Hüte-Methode werden alle Team-Mitglieder aktiv. Es entsteht Dynamik in der Bearbeitung und neue Sichtweisen und Perspektiven werden eröffnet.

Bereiten Sie sechs Hüte in verschiedenen Farben aus Stoff oder aus Papier vor und beschriften Sie diese folgendermaßen.

- weiß: sachliche, objektive Betrachtung

  Tatsachen, Zahlen und Informationen
- rosa: gefühlsmäßige Betrachtung

  Empfindungen, Gefühle, Vermutungen und Intuitionen
- rot: negative, urteilende Betrachtung

  Ja-aber-Gedanken und Gründe, warum es nicht gelingen kann

noch: Methoden zur Gestaltung kollegialer Supervisionen

- **gelb:** optimistische, fröhliche, positive Betrachtung

  Argumente, die für das Gelingen sprechen

- **grün:** wachstumsorientierte Betrachtung

  neue und unkonventionelle Ideen und träumerische Gedanken

- **blau:** bestimmende, überwachende Betrachtung

  Organisation, Regeln und Struktur

Wurde von einem Team-Mitglied ein entsprechendes Thema eingebracht und kurz beschrieben, stellen Sie die verschiedenen Sichtweisen mit den Hüten vor und legen Sie diese auf sechs im Kreis aufgestellte Stühle.

Das Mitglied, das die jeweilige Position einnehmen möchte, setzt sich auf den entsprechenden Stuhl und setzt den Hut auf oder nimmt ihn in die Hand.

Die Mitwirkenden können nacheinander verschiedene Positionen einnehmen und diese aussprechen. Die PositionsvertreterInnen können auch miteinander ins Gespräch kommen, gegeneinander argumentieren oder Gemeinsamkeiten herausstellen.

Auch die ThemeneingeberIn soll verschiedene Positionen einnehmen.

Als Alternative können die Positionen auch als Bodenpositionen notiert und abgegangen werden – von mehreren Personen oder von einer Person.

Abschließend sagt die ThemeneingeberIn, welche Perspektiven und Argumente für sie neu, interessant und hilfreich sind und wie sich diese auf ihre Entscheidung auswirken.

Sie können es bei diesem Input belassen oder in einem anschließenden Team-Gespräch weiter auf die Entwicklung einer Lösung eingehen.

Reflexion von Team-Besprechungen

Die Reflexion von Team-Besprechungen dient beispielsweise dazu,

- sich die Organisation, den Ablauf, die Gestaltung, die aktive Beteiligung und die Effektivität bei Team-Besprechungen bewusst zu machen und einzuschätzen,

- zu überprüfen, ob die Ziele erreicht wurden,

- festzustellen, ob effektiv gearbeitet wird,

- geeignete Vorgehensweisen weiterhin zu praktizieren und ggf. vermehrt umzusetzen,

- ungeeignete Vorgehensweisen zu modifizieren oder wegzulassen,

- die Arbeitsqualität weiterzuentwickeln,

- den Team-Prozess zu aktivieren und

- die Verantwortung aller für das Gelingen zu verdeutlichen.

Reflektiert werden kann

- ohne Vorgaben oder anhand von Reflexionsfragen

- mündlich oder schriftlich.

Die Reflexion kann beispielsweise einzeln, zu zweit, in Gruppen-Teams oder in sonstigen Team-Konstellationen und im Gesamt-Team vorgenommen werden.

Möglichkeiten zur Reflexion im Team

Hinsichtlich des Vorgehens bei den Reflexionen gibt es unterschiedliche Möglichkeiten.

- Die Team-Leitung reflektiert ihre Aufgaben hinsichtlich der Team-Besprechung(en).

- Die Team-Leitung reflektiert die aktive Beteiligung der Team-Mitglieder,

    - zieht davon abgeleitet Schlüsse für ihr Vorgehen,

    - bespricht sich mit den einzelnen Team-Mitgliedern und

    - spricht Anerkennung aus oder stellt klare Anforderungen an die MitarbeiterInnen.

- Ein Team-Mitglied reflektiert seine aktive Beteiligung an der Team-Besprechung.

- Ein Team-Mitglied reflektiert die Aufgabenerledigung der Team-Leitung und gibt ihr dazu Feedback.

- Zwei oder mehrere Team-Mitglieder reflektieren gemeinsam die Aufgabenerledigung der Team-Leitung und geben ihr dazu Feedback.

- Zwei oder mehrere Team-Mitglieder reflektieren gemeinsam die verschiedenen Aspekte und erteilen sich gegenseitig Feedback.

- Gruppen-Teams reflektieren gemeinsam einzelne Aspekte oder die gesamte Team-Besprechung miteinander.

- Im Gesamtteam werden verschiedene Aspekte reflektiert, über die sich die Team-Mitglieder dann austauschen.

- Das Gesamt-Team reflektiert gemeinsam.

Inhalte, die andere Personen betreffen, sind diesen direkt mitzuteilen und Möglichkeiten zur Optimierung werden gemeinsam geplant und umgesetzt.

Reflexionsbogen

Nach der Durchführung einer Team-Besprechung können die Team-Mitglieder beispielsweise einzeln oder gemeinsam den folgenden Reflexionsbogen oder ausgewählte Ausschnitte ausfüllen und besprechen. Dabei gewinnen sie eine gute Einschätzung darüber, wie die Team-Besprechung verlief und können neue Vorhaben für die Durchführung künftiger Besprechungen im Team planen.

Reflexion von Team-Besprechungen

Einschätzung: Stufen Sie den jeweiligen Inhalt zwischen –3 (= ganz schlecht) und +3 (= sehr gut) ein und machen Sie neben dem jeweiligen Inhalt unter der entsprechenden Zahl in der Tabelle ein Kreuz.

+ Was soll wieder so gemacht werden?

Notieren Sie kurz, welcher Teil dieses Inhalts bei einer künftigen Team-Besprechung wieder so umgesetzt werden soll.

– Was soll geändert werden?

Notieren Sie kurz, was Sie bezüglich dieses Inhalts künftig anders haben möchten.

! Neue Ideen

Geben Sie kurz an, welche neuen Ideen Sie hierzu für weitere Team-Besprechungen haben.

Reflexion einer Team-Besprechung

Inhalte	Einschätzung –3 –2 –1 0 +1 +2 +3	+	–	!
Planung				
Termin				
Zeitpunkt				
Auswahl der Beteiligten				
Raumauswahl				
Dauer				
Themen				
Tagesordnung				
Vorbereitung				
Bekanntgabe bzw. Einladung				
Information über die Tagesordnung				
Information über die Aufgabenverteilung				
inhaltliche Vorbereitung				
Raumvorbereitung				
Bereitlegen der Unterlagen				
Bereitstellen der Medien				
Bereitstellen der Materialien				
Verköstigung				

Reflexion von Team-Besprechungen

noch: Reflexion einer Team-Besprechung

Inhalte	Einschätzung −3 −2 −1 0 +1 +2 +3	+	−	!
Aufgaben bei der Gesprächsführung				
Begrüßung				
Schaffen einer angenehmen Atmosphäre				
Vergabe der Protokollführung				
Vorstellung der Tagesordnung				
Festlegung der Reihenfolge der Tages-ordnungspunkte				
Zeiteinteilung				
Gesprächsführung/Moderation				
ziel- und ergebnisorientiertes Vorgehen				
Strukturierung des Verlaufs				
Gesprächsführung				
Fragestellungen				
Einhaltung von Gesprächsregeln				
intensive Themenbehandlung				
methodische Gestaltung				
Visualisierung				
schriftliche Fixierung z. B. von Ergebnissen und Planung				
Einsatz der Materialien				
Einsatz der Medien				
Motivierung aller Team-Mitglieder zur aktiven Teilnahme				
individuelles Eingehen auf die Team-Mitglieder				
Umgang mit Problemen				
Umgang mit Störungen				
Gestaltung der Entscheidungsfindung				
Festhalten von Zwischenergebnissen				
Vergabe zu erledigender Aufgaben				
ressourcenorientiertes Vorgehen				
Steuerung des Team-Prozesses				
Vertagung nicht behandelter Themen				
Ausblick auf die nächste Team-Sitzung				
Inhalt der Abschlussrunde				

noch: Reflexion einer Team-Besprechung

Inhalte	Einschätzung −3 −2 −1 0 +1 +2 +3	+	−	!
Aufgaben bei der Gesprächs-Führung				
Gestaltung der Abschlussrunde				
Dank an die Team-Mitglieder				
Aktive Beteiligung der Team-Mitglieder				
Pünktlichkeit				
Eigenmotivation				
Einhaltung von Gesprächsregeln				
aktives Hinhören				
Bereitschaft zum (Informations-)Austausch				
direktes Ansprechen von Problemen u. Ä.				
positive und sachliche Formulierungen				
Eingehen auf die Beiträge der KollegInnen				
Qualität der Beiträge				
Anzahl der Beiträge				
Lösungs- und Ergebnisorientierung				
Engagement				
Kooperationsfähigkeit				
Kompromissbereitschaft und -fähigkeit				
Frustrationstoleranz				
Reflexionsfähigkeit				
Beziehungsfähigkeit				
Wertschätzung				
Offenheit				
Experimentierfreude				
Humor				
Akzeptanz				
Flexibilität				
Verantwortungsübernahme				
Solidarität				
gegenseitige Unterstützung und Ergänzung				
Eigeninitiative				
(Selbst-)Disziplin				
Ausdauer				
Vertraulichkeit				

Aufgaben des Teams

Übersicht

Wie aus den bisherigen Ausführungen hervorgeht, ist Team-Arbeit eine sehr komplexe Methode, die an die einzelnen Team-Mitglieder vielfältige Aufgaben stellt.

Aufgaben eines pädagogischen Teams

- Leitbild- und Profilentwicklung

- Festlegung von Regeln

- Konzeptionsarbeit

- zielorientiertes Arbeiten

- Planung der Team-Arbeit und Zeitmanagement

- aktive Beteiligung an Team-Gesprächen

- Verteilung und Koordination von Aufgaben

- Weitergabe von Informationen

- Austausch von Erfahrungen

- Dokumentation

- praktische Team-Arbeit

- Teilnahme an Supervision, Beratung und Coaching

- Teilnahme an Fortbildungen

- Vermittlung des bei Fortbildungen Gelernten an die Team-KollegInnen

- Evaluation der Arbeit

- Kooperation mit dem Träger

Im Folgenden wird auf einige dieser Aufgaben, mit denen pädagogische Teams betraut sind, eingegangen.

Konzeptionsarbeit

Konzeptionen beinhalten alle inhaltlichen Aspekte, die in einer pädagogischen Einrichtung für die MitarbeiterInnen, die Eltern, die Kinder bzw. Jugendlichen, den Träger und weitere Beteiligte relevant sind. Somit

- wird das individuelle Profil der Einrichtung und die Qualität der Arbeit konkret dargestellt,

- besteht ein konkretes Anforderungsprofil mit eindeutigen Formulierungen der pädagogischen Ziele und Methoden zur Orientierung der Team-Mitglieder, das von den Team-Mitgliedern mitbestimmt wird,

- bietet die Konzeption die Grundlage für die gemeinsame pädagogische Arbeit im Team,

- sind die in der Konzeption verfassten Richtlinien, Ziele und Methoden zur Zielerreichung überprüfbar,

- können die Team-Mitglieder mögliche neue Anforderungen daraufhin überprüfen, inwieweit sie mit den Aussagen der Konzeption übereinstimmen, um zu entscheiden, ob sie sie annehmen oder nicht und

- kann die Konzeption stets den aktuell gegebenen Situationen, Anforderungen und Bedingungen bzw. Möglichkeiten angeglichen werden.

Deshalb ist es wichtig, dass das Team eine Konzeption

- verfasst,

- sie regelmäßig reflektiert und auswertet,

- überarbeitet und

- aktualisiert und

- dass daran alle Team-Mitglieder beteiligt sind, um sich übereinstimmend gemeinsam für die Umsetzung der Konzeption einzusetzen.

Zielorientiertes Arbeiten

Alle in Kapitel 2 „Team-Arbeit" zur Zielerreichung im Team gemachten Angaben treffen für die Team-Arbeit zu. Grundsätzlich werden Zieldefinitionen und die Planung der Vorhaben zur Zielerreichung erst auf der Leitungsebene bzw. im Austausch der Leitung mit dem Trägervertreter und den Team-Mitgliedern erarbeitet. Doch nur wenn die Team-Mitglieder sich damit identifizieren und bereit sind, sie umzusetzen, ist die Realisierung möglich. Die Zustimmung der einzelnen Team-Mitglieder und die Einigkeit des gesamten Teams sind also grundlegend für die Umsetzung der Zielvorhaben.

Des Weiteren sind die für das Team festgelegten Ziele noch seitens

- der Gruppen-Teams,

- zur Erledigung bestimmter Aufgaben gebildeter Teams und

- der einzelnen Team-Mitglieder

konkret auf die einzelnen Aufgaben und deren Erfüllung zu übertragen.

Ziele

Die Ziele lassen sich unterteilen in Fern- und Nahziele sowie in Grob- und Feinziele. Es ist darauf zu achten, dass die Feinziele logisch aufeinander aufbauen und zum Grobziel hinführen. Auch die zeitliche Planung der Ziele muss in angemessene Zeitabstände aufgeteilt werden. Manche der Ziele, die für alle gelten, sind noch weiter zu differenzieren.

Gespräche zur Zielerreichung

Gespräche zur Erreichung von Zielen ermöglichen eine fundierte Formulierung, Planung, Verwirklichung und Reflexion von Zielen.

Gespräche zur Zielerreichung

Zielformulierung

- Abklärung, welche Ziele z. B. durch Gesetze, Bildungs- und Erziehungspläne, vom Träger und durch die Konzeption der Einrichtung vorgegeben sind

- Sammlung möglicher Ziele

- Orientierung der Zielvorstellungen an den oben genannten Vorgaben

- Zielformulierung

- Festlegung der Ziele

Planung der Zielerreichung

- Unterteilung der Ziele in Fern- und Nahziele sowie in Grob- und Feinziele

- Zusammenstellung der Fachkenntnisse und Fähigkeiten, die erforderlich sind, um die Ziele erreichen zu können

- Erörterung und Festlegung geeigneter Methoden und Strategien sowie Materialien

- Abklärung der Bedingungen und der Realisierungsmöglichkeiten, z. B. bezogen auf den zeitlichen Rahmen, die finanziellen Mittel, die Materialien und die Kompetenzen

- Bedarfsklärung hinsichtlich einzubeziehender externer Fachleute und sonstiger Personen

- Aufgabenverteilung

- Klärung von Zuständigkeiten

- Herausfinden erforderlicher Absprachen

- Festlegung des Planungsverlaufs

- Zeitplanung

- Operationalisierung: Festlegen konkreter Kriterien zur Überprüfung der Zielerreichung

- Absprachen für den Umgang mit möglicherweise aufkommenden Schwierigkeiten

- Planung des Zeitpunkts und der Inhalte für die Auswertung der Zwischenergebnisse

Verwirklichung der Ziele

- Umsetzung der Vorhaben zur Zielerreichung

- Austausch

- Reflexion

- Zwischenauswertung

- ggf. Neuplanung

noch: Gespräche zur Zielerreichung

Reflexion der Zielerreichung

- Feststellen der Eignung der Ziele

- Reflexion der Zielformulierung

- Auswertung der Ziele in ihrem Bezugsrahmen zu Vorgaben und sonstigen Zielen

- Betrachtung und Auswertung des Verlaufs der Phase der Zielerreichung

- Feststellung, ob bzw. inwieweit die Ziele erreicht wurden

- Erkennen der positiven Beiträge zur Zielerreichung, beispielsweise hinsichtlich der Rahmenbedingungen, der Einfluss nehmenden Personen, unvorhergesehener Ereignisse, der Methoden, der Materialien, der Fähigkeiten und der Kenntnisse

- Eruieren der Einflüsse, die die Zielerreichung beeinträchtigt oder verhindert bzw. begünstigt haben

- Erkennen der Erfolge bei der Verwirklichung und der Erreichung der Ziele

- Entwicklung neuer Strategien zur Zielerreichung

- Schlüsse ziehen für die künftige

  - Zielformulierung

  - Planung der Zielerreichung

  - Verwirklichung der Ziele

  - Reflexion der Zielerreichung

Kontrollieren Sie die Zielerreichung zwischendurch, um auszuwerten,

- ob die inhaltliche und zeitliche Planung der Ziele angemessen und realistisch ist,

- ob die zur Zielerreichung eingesetzten Methoden und Medien geeignet sind,

- welche (zusätzlichen) Ressourcen zur weiteren Zielerreichung erforderlich sind,

- um Erfolge zu erkennen und

- um die weitere Planung entsprechend vornehmen zu können.

Zielorientiertes Arbeiten im Team ist eine komplexe Aufgabe, die sich auf verschiedenen Ebenen abspielt, eines regelmäßigen und intensiven Austauschs bedarf und stete Reflexion erfordert.

Verteilung und Koordination von Aufgaben

Ein Vorteil der Team-Arbeit besteht darin, dass die anfallenden Aufgaben unter den Team-Mitgliedern verteilt werden. Das trägt sowohl zur ressourcenorientierten Arbeit als auch zur Entlastung der Team-Mitglieder bei.

Verteilung und Koordination von Aufgaben

Bei der Verteilung und Koordination der Aufgaben unter den Team-Mitgliedern ist darauf zu achten, dass

- die Aufgaben den Stärken und Interessen der Team-Mitglieder entsprechen,

- durch die Aufgaben keine Rollenfixierungen seitens der Team-Mitglieder entstehen,

- die Aufgaben hinsichtlich des Anforderungsniveaus und des Zeitaufwands gerecht verteilt sind,

- die Übernahme einer Aufgabe zuerst einmal zeitlich begrenzt vergeben wird, damit immer noch bzw. immer wieder entschieden werden kann, ob es bei dieser Verteilung bleibt,

- Team-Mitglieder auch die Chance erhalten, sich in einem neuen Aufgabenbereich zu erproben und zu bewähren,

- die einzelnen Aufgaben gut koordiniert werden,

- die Aufgaben unter den einzelnen Team-Mitgliedern so vergeben werden, dass sie gut ausgeübt werden können und

- die Aufgabenverteilung und -erledigung regelmäßig reflektiert und ausgewertet wird.

Um die Zuständigkeiten der Team-Mitglieder, z. B. für Elterngespräche, einzuteilen, können Sie die folgende Tabelle verwenden.

Zuständigkeiten für Elterngespräche							
Name der Gruppe:				bearbeitet von: am:			
	Name des Kindes	zuständige MitarbeiterIn			Datum	Datum	Datum	Datum
1.		☐	☐	☐				
2.		☐	☐	☐				
• • •								

Es ist individuell zu entscheiden, welche Aufgaben bei der Vergabe und Koordination von Aufgaben jeweils der Team-Leitung und den Team-Mitgliedern zukommen. Gemäß der partnerschaftlichen Kooperation bei der Team-Arbeit sind die Team-Mitglieder angemessen mit einzubeziehen.

Planung der Team-Arbeit und Zeitmanagement

Die Vielfalt der Aufgaben, die die Team-Arbeit betreffen, macht eine gute Planung und ein wohl durchdachtes Zeitmanagement erforderlich. Beide Aufgaben beziehen sich auf

- das Gesamt-Team,

- die Gruppen-Teams,

- Teams, die zur Erledigung bestimmter Aufgaben gebildet werden und

- die einzelnen Team-Mitglieder.

Folgende Fragestellungen eignen sich z. B. für die Planung der Team-Arbeit und das Zeitmanagement.

 Fragen zur Planung der Team-Arbeit

- Was ist zu tun?

- Welche Ziele sollen dabei erreicht werden?

- Welche Voraussetzungen sind zu schaffen, um die Aufgaben erfüllen zu können?

- Wer schafft diese Voraussetzungen bis wann?

- Wer erledigt die einzelnen Aufgaben?

- Welche Absprachen sind mit wem zu treffen?

- Wer trifft diese Absprachen?

- Wer ist in die Erledigung der Aufgaben mit einzubeziehen?

- Bis wann sind die Aufgaben zu erledigen?

- Welche finanziellen Mittel sind erforderlich?

- Welche Materialien werden benötigt?

- Welche Medien sind erforderlich?

- Wie können die finanziellen Mittel, die Materialien und die Medien beschafft werden?

- Für wann ist eine zwischenzeitliche Überprüfung der bereits erledigten Aufgaben angesetzt?

- Wer nimmt diese Überprüfung vor?

- Bis wann müssen alle Aufgaben erledigt sein?

- Wer überprüft die Erledigung aller Aufgaben?

- Wann wird eine Gesamtauswertung vorgenommen?

Sind diese Fragen geklärt, können die Planung und die Zeiteinteilung in ein einfaches Schema gefasst werden, das allen Beteiligten zur Orientierung, Kontrolle und Auswertung dient.

⊙ Planungsbogen		
Wer	**macht was**	**bis wann?**

Bei der Planung der Aufgaben sind beispielsweise zu berücksichtigen

- die Wichtigkeit der jeweiligen Aufgabe,

- die Dringlichkeit,

- Prioritäten,

- Terminvorgaben,

- die Dauer für die Vorbereitung, die Durchführung und die Reflexion,

- der Wechsel verschiedener Arbeitsformen,

- das Anforderungsniveau,

- die beteiligten Personen,

- die erforderlichen Räumlichkeiten,

- die erforderlichen Materialien und Medien und

- der Einbezug von noch nicht verplanten Zeiten.

Zeiteinteilung

Terminlich zu planen sind beispielsweise

- Termine des ganzen Teams, z. B. Dienstpläne, Schließzeiten, Team-Besprechungen, Inhouse-Fortbildungen,

- Termine der Gruppen-Teams, z. B. Feste in der Gruppe, Elternabende, Gruppen-Team-Besprechungen, Projekte und

- Termine einzelner Team-Mitglieder, z. B. gezielte Angebote, Elterngespräche, Kontakte mit externen Fachleuten.

Die Planung kann beispielsweise

- auf einem großen Wandkalender,
- in einem Kalender mit Monats- oder Wochenübersicht,
- in einem Taschenkalender oder Timeplaner,
- in einer To-Do-Liste,
- in einem Planungsbogen oder
- auf einem Plakat

festgeschrieben werden.

Eine Kunst besteht in der Koordination der vielen verschiedenen Aufgaben und Termine – erst einmal bei den einzelnen Team-Mitgliedern und dann im Zusammenspiel aller im Team.

Aktive Beteiligung an Team-Gesprächen

Team-Arbeit lebt von der aktiven Beteiligung aller Team-Mitglieder. Dies gilt insbesondere auch für Team-Gespräche.

Hierbei kann beispielsweise unterschieden werden zwischen Gesprächen in verschiedenen Team-Konstellationen, Gesprächen zwischen der Team-Leitung und einem Team-Mitglied und Gesprächen zwischen zwei und mehreren Team-Mitgliedern. Es kann sich dabei jeweils um formelle und informelle Gespräche handeln.

Bei all diesen Gesprächen können die Team-Mitglieder z. B. Folgendes einbringen:

- Theorien
- Kenntnisse
- Praxisbeispiele
- praktische Erfahrungen
- Ziele
- Werte
- Vorstellungen
- Meinungen
- Hypothesen
- Fragen
- Anerkennung
- Kritik
- Feedback
- Humor

Weitere Angaben und konkrete Anregungen für Team-Gespräche entnehmen Sie bitte Kapitel 4, „Team-Besprechungen".

Weitergabe von Informationen

Möchten alle Mitglieder eines Teams an einem Strang ziehen und sich gemeinsam in eine Richtung bewegen sowie aufeinander abgestimmt arbeiten, ist es gerade angesichts der Komplexität eines Teams und dessen Aufgaben besonders wichtig, dass alle MitarbeiterInnen die für sie erforderlichen und wichtigen Informationen erhalten. Folglich stellt die Weitergabe der Informationen eine bedeutende Grundlage dafür dar, dass ein Team funktionieren und Team-Arbeit gelingen kann.

Auf der informellen Ebene wirken sich schlechte Informationswege und mangelnde Informiertheit destruktiv aus und stellen eine ernstzunehmende Ursache für Konflikte dar.

Informationsstruktur

Die Informations-Struktur lässt sich folgendermaßen darstellen, wobei die Pfeile jeweils in beide Richtungen weisen, da der Austausch von Informationen wechselseitig ist bzw. sein kann.

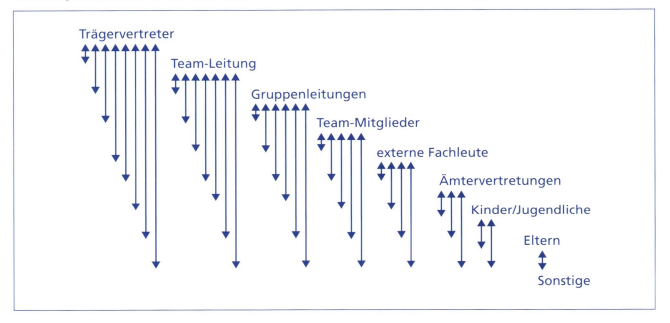

Im Team müssen konkrete und verbindliche Absprachen hinsichtlich der Weitergabe von Informationen getroffen werden.

 Absprachen zur Weitergabe von Informationen

Informationsweitergabe und -verbot

- Welche Informationen müssen von wem an wen weitergegeben werden?

- Welche Informationen können von wem an wen weitergegeben werden?

- Welche Informationen dürfen an wen grundsätzlich nicht weitergegeben werden?

- Welche Informationen dürfen von wem nicht an wen weitergegeben werden?

---

noch: Absprachen zur Weitergabe von Informationen

Formen der Informationsweitergabe

- persönlich/telefonisch/schriftlich

- formell/informell

- vertraulich/öffentlich

Erfahrungsaustausch

Team-Arbeit lebt von den unterschiedlichen fachlichen Qualifizierungen, den verschiedenen Persönlichkeiten und den gesammelten Erfahrungen der einzelnen Team-Mitglieder, die in der Zusammenarbeit von- und miteinander lernen und somit profitieren können. Deshalb nimmt der Erfahrungsaustausch unter den Team-Mitgliedern einen hohen Stellenwert ein.

Der Austausch unter den Team-Mitgliedern kann sich beispielsweise beziehen auf

- die Ausbildungsinhalte,

- bei Fortbildungen Gelerntes,

- bei der Ausübung aller Aufgabenbereiche Erfahrenes,

- Erfahrungen in anderen pädagogischen Einrichtungen,

- die Berufserfahrung,

- das Wissen,

- die Fähigkeiten,

- spezielle Praxiserfahrungen,

- die Kooperation mit externen Fachleuten,

- Erfahrungen mit den Kindern bzw. Jugendlichen und

- die Lebenserfahrung.

Stattfinden kann der Erfahrungsaustausch beispielsweise

- im Team in allen Team-Konstellationen oder zu zweit,

- methodisch gestaltet oder informell sowie

- regelmäßig oder sporadisch.

Dokumentation

Um den jeweiligen Ist-Stand, die Weiterentwicklung und die Qualität der Arbeit im Team aufzuzeigen, wird dokumentiert. Die Dokumentation dient auch der Evaluation der Arbeit des Teams. In Teams wird überwiegend schriftlich dokumentiert, z. B. in Form von Berichten. Für die Dokumentation lassen sich aber auch weitere Medien nutzen, beispielsweise Fotos, Filme und Tonträger.

Zur Dokumentation zählen

- die Sammlung von Daten,

- Beobachtungen,

- das Festhalten der Daten in Form von Schriftstücken, Fotos, Filmen, Tonträgern etc.,

- das Sortieren der Daten,

- die Auswahl relevanter Daten,

- die Überprüfung der Daten z. B. auf Richtigkeit und Aktualität hin,

- Absprachen über die zu verwendenden Daten,

- die Erarbeitung der Endfassung der einzelnen Dokumentationsbeiträge,

- das Zusammenfügen der einzelnen Daten,

- die Gestaltung der Dokumentation(-sform) und

- die Präsentation der Dokumentation.

Die Dokumentationen sind für die Team-Mitglieder wichtig, können aber beispielsweise auch dem Träger vorgelegt werden, um den Qualitätsstandard der Arbeit des Teams zu verdeutlichen. Den Eltern, externen Fachleuten und sonstigen Interessierten können Dokumentationen ebenso zur Verfügung gestellt werden, um ihnen einen Einblick in die fachliche Arbeit zu bieten.

Zudem lassen sich Dokumentationen oder Auszüge daraus auf der Website der Einrichtung oder in deren Konzeption veröffentlichen, um für die Einrichtung zu werben. Eine wesentliche Bedeutung von Dokumentationen liegt darin, sie im Rahmen der Öffentlichkeitsarbeit zur Profilierung der Einrichtung einzusetzen.

Praktische Team-Arbeit

Die praktische Team-Arbeit kann als eine spezielle Form der Gruppenarbeit betrachtet werden, bei der die Team-Mitglieder sich bei ihrer praktischen Arbeit durch die Zusammenarbeit und Verteilung der Aufgaben ergänzen und bereichern. Die praktische Team-Arbeit findet überwiegend im Gruppenalltag statt.

Bei der praktischen Team-Arbeit geht es beispielsweise darum,

- die Arbeit miteinander zu planen,

- die Aufgaben unter den Team-Mitgliedern aufzuteilen,

- Aufgaben gemäß der Kenntnisse und der Fähigkeiten der einzelnen Team-Mitglieder zu vergeben und durchzuführen,

- sich bei der Erledigung der Aufgaben zu unterstützen,

- sich gegenseitig anzuregen und zu motivieren,

- von- und miteinander zu lernen,

- die fachliche Qualifikation und die Kooperation weiterzuentwickeln,

- sich gegenseitig zu entlasten,

- sich gegenseitig Feedback zu geben und

- gemeinsam die Arbeit zu reflektieren.

Die folgende Methode eignet sich sehr gut, um vom Wissen und den Erfahrungen der KollegInnen zu profitieren – und das auf schnelle und effektive Weise.

 Markt der Ideen mal anders

Eine MitarbeiterIn beschreibt auf einem Plakat kurz die Situation, die sie beschäftigt. Dazu notiert sie Fragen, zu denen sie von den KollegInnen Informationen erhalten möchte.

Die Fragen können sich z. B. auf ein problematisches Verhalten eines Kindes und den förderlichen Umgang mit ihm beziehen, wie z. B.

- theoretisches Wissen zu diesem Verhaltensproblem,

- geeignete Beobachtungsverfahren zur Verifizierung der Hypothese,

- mögliche Ursachen für die Entstehung dieser Problematik,

- bei einem Kind mit diesem Problem zu Beachtendes,

- mögliche Hilfen für das Kind,

- mögliche Hilfen für die Eltern und

- geeignete externe Fachleute, die mit einbezogen werden können.

Die MitarbeiterIn, die diese Anregungen sucht, kann das Plakat

- im Team-Raum aufhängen bzw. auslegen,

- es im Team reihum gehen lassen oder

- einzelnen ausgewählten KollegInnen geben.

Die KollegInnen fügen jeweils ihre Notizen ein und am Ende erhält die MitarbeiterIn eine reiche Sammlung an Inputs.

Feedback

Feedback ist eine Methode im Rahmen von Team-Gesprächen und der praktischen Team-Arbeit, die es ermöglicht, eine subjektive Rückmeldung dazu abzugeben, wie ein Team-Mitglied ein anderes Team-Mitglied wahrnimmt.

Inhalte

Ein Feedback kann vielfältige Inhalte haben, wie z. B.

- das methodische Arbeiten,
- die Kontaktgestaltung,
- Stärken/Fähigkeiten,
- Schwächen/zu Lernendes,
- die Leistung,
- die Entwicklung,
- die Qualität der Arbeit und
- die persönliche Wirkung.

Gegenseitige Feedbacks

Sehr wertvoll bei der Team-Arbeit sind gegenseitige Feedbacks seitens der Team-Leitung an die Team-Mitglieder und umgekehrt, sowie der Team-Mitglieder untereinander. Sie tragen beispielsweise dazu bei,

- die Fremdwahrnehmung der KollegInnen kennenzulernen,
- die Selbstwahrnehmung mit der Fremdwahrnehmung abzugleichen,
- eigene Stärken und Schwächen zu erkennen,
- Stärken zu intensivieren und Schwächen abzubauen oder auszugleichen,
- Unsicherheiten abzubauen,
- sich selbst und seine Arbeit besser einschätzen zu können,
- sich gegenseitig besser kennenzulernen sowie
- von- und miteinander zu lernen.

Feedbackregeln

Um den Gehalt von Rückmeldungen tatsächlich optimal nutzen zu können, sind bestimmte Feedbackregeln beim Geben und Erhalten von Feedback einzuhalten.

Feedbackregeln

Feedback geben

Geben Sie das Feedback zur rechten Zeit, d. h.

- zeitnah zum Geschehen, auf das es bezogen ist,

- wenn ausreichend Zeit dafür zur Verfügung steht und

- wenn beide Beteiligten die Ruhe und Offenheit dafür haben.

Das Feedback muss aktuell sein, d. h. es muss kurze Zeit nach der entsprechenden Situation gegeben werden.

Beziehen Sie Ihr Feedback auf eine konkrete Situation bzw. auf ein konkretes Verhalten, das Sie am Anfang des Feedbacks kurz und sachlich beschreiben, z. B. wie Ihre KollegIn den Konflikt zwischen zwei Kindern moderierte.

Sprechen Sie die Feedback-NehmerIn direkt an.

Formulieren Sie Ihre Rückmeldungen sachlich und klar, also eindeutig und gut verständlich.

Teilen Sie Ihre eigenen, subjektiven Empfindungen und Reaktionen als solche mit, z. B. mit den folgenden Formulierungen:

- „Als ich … sah/hörte, empfand ich …"

- „In der Situation habe ich mich … gefühlt."

- „… hat in mir … ausgelöst."

- „Als ich das erlebte, hätte ich am liebsten …"

- „In der Situation hätte ich mir … gewünscht."

Formulieren Sie eindeutige Ich-Botschaften, um bei sich zu bleiben und um die Subjektivität Ihrer Aussagen zu betonen.

Unterscheiden Sie zwischen der Person der Feedback-EmpfängerIn an sich und deren Verhalten – die Person an sich ist immer okay, am Verhalten kann uns durchaus etwas seltsam erscheinen.

Seien Sie aufrichtig und ehrlich.

- Das, was Sie sagen, meinen Sie ehrlich.

- Unter Umständen müssen Sie nicht die Gesamtheit dessen, was Sie ehrlich meinen, bei einem Feedback auch sagen.

- Die ausgewählten Feedbackinhalte sollen prozentual jeweils Ihren angenehmen wie Ihren unangenehmen Eindrücken entsprechen. Das bedeutet, nicht nur das zu sagen, was Ihnen angenehm oder was Ihnen unangenehm nachklingt.

Sprechen Sie keine Aufforderung zur Veränderung aus.

noch: Feedbackregeln

Feedback empfangen
Sagen Sie Ihrer KollegIn unter Umständen vor einer Situation, in der sie Sie beobachtet, worüber genau Sie ein Feedback erhalten möchten.
Betrachten Sie das Feedback als Geschenk und als Chance, die es Ihnen ermöglichen, mehr über sich und Ihre Fremdwirkung zu erfahren.
Achten Sie beim Erhalt des Feedbacks darauf, aufmerksam hin-zu-hören, um all das zu erfassen, was die Feedback-GeberIn verbal und nonverbal ausdrückt.
Nehmen Sie das Gehörte in Ruhe an und lassen Sie es wirken.
Nachfragen sind nur bei Unklarheiten erlaubt – ansonsten hören Sie still zu.
Sie können sich Notizen machen, um das Feedback auch mit etwas Abstand nochmals genau zu betrachten.
Überprüfen Sie die Inhalte des Feedbacks für sich. Seien Sie sich dabei bewusst, dass es subjektive Rückmeldungen einer anderen Person sind, die Sie aus ihrer individuellen Sicht anders wahrnimmt und dass man sich selbst oft anders wahrnimmt als Außenstehende.
Bedanken Sie sich bei der KollegIn, die Ihnen das Feedback gegeben hat, dafür.

Die folgende Auflistung zeigt Ihnen vielfältige mögliche Inhalte, zu denen Sie sich beispielsweise hinsichtlich Ihres sprachförderlichen Verhaltens im Umgang mit Kindern von einer KollegIn ein Feedback geben lassen können. Wählen Sie für ein Feedback höchstens drei bis fünf Aspekte aus.

Interessant ist es auch, sich zu denselben Aspekten oder zur selben Situation von zwei unterschiedlichen KollegInnen unabhängig voneinander ein Feedback geben zu lassen.

 Feedbackinhalte zum sprachförderlichen Verhalten im Umgang mit Kindern

- Möglichkeiten schaffen, um alleine mit den Kindern zu sprechen
- den Kindern ruhig zuhören
- aussprechen, was die Kinder machen und fühlen
- die Kinder loben und ermuntern
- eigenes Einhalten von Kommunikationsregeln
- den Kindern Kommunikationsregeln vermitteln
- bei den Kindern auf die Einhaltung von Kommunikationsregeln achten
- angemessen mit den Kindern sprechen – Sprachstil, Wortwahl, Ironie/Humor, aktives Hin-hören
- den Kindern sprachliche Anleitungen geben
- den Kindern offene Fragen stellen, die sie zum Nach- und Weiterdenken anregen

noch: Feedback-Inhalte zum sprachförderlichen Verhalten im Umgang mit Kindern

- den Kindern W-Fragen stellen, die sie zum Nach- und Weiterdenken anregen

- gemeinsam mit den Kindern Pläne und Lösungen entwickeln und besprechen

- die Kinder anregen, miteinander zu sprechen

- Dinge benennen

- eigene Gedanken und Meinungen aussprechen und begründen und die Kinder zu ihren Gedanken und Meinungen dazu befragen

- wichtige Worte hervorheben

- Möglichkeiten im Konjunktiv formulieren

- beim Sprechen Pausen machen

- auf Ton und Lautstärke beim Sprechen achten

- Mimik, Gestik und Körpersprache angemessen einbeziehen

- den Kindern für die Fähigkeiten in ihrer Erstsprache Wertschätzung entgegenbringen

- vielfältige Angebote zur Sprachförderung der Kinder durchführen

- Angebote zur Sprachförderung der Kinder individuell gestalten

- sprachfördernde Elemente bei Angeboten in anderen Bildungsbereichen einbinden

- sprachfördernde Interventionen während des Freispiels und beim Aufräumen einbeziehen

- sprachfördernde Elemente während der Essenszeit einfließen lassen

- sprachfördernde Interventionen bei der Erledigung der Hausaufgaben einbinden

- während Übergangszeiten sprachfördernde Interventionen durchführen

- sprachlich auf die Gedanken und Gefühle der Kinder eingehen und diese differenzieren

- konstruktive Konfliktlösung mit den Kindern unter Berücksichtigung ihrer Sprachfähigkeiten entwickeln

- konstruktive Konfliktlösung mit den Team-Mitgliedern erarbeiten

- sprachliches Vorbild für die Kinder im Umgang mit Team-Mitgliedern und anderen Erwachsenen sein

- verschiedene Methoden beim Vorlesen und bei Bilderbuch-Betrachtungen anwenden

- das Textverständnis der Kinder beachten und fördern

- den Kindern Anregungen zum Erlernen und zur Nutzung der Schriftsprache geben

- Angebote zur Förderung der Erzählkompetenz der Kinder gestalten

- zusammen mit den Kindern ihr Verhalten sowie Lernwege und -erfahrungen reflektieren

Im Folgenden finden Sie verschiedene Feedbackmethoden, die Sie jeweils der Situation, dem Inhalt, der KollegIn und Ihrer gemeinsamen fachlichen Beziehung angemessen einsetzen können.

Feedbackmethoden im KollegInnenkreis

Sag's mir!

Mündliche Feedbacks können beispielsweise

- mit oder ohne Vorankündigung stattfinden,

- mit oder ohne vorher festgelegten Inhalten gegeben werden und

- einer KollegIn von einer oder mehreren KollegInnen zuteil werden.

Beobachtet und rückgemeldet

Eine MitarbeiterIn kann eine KollegIn beobachten, diese Beobachtung schriftlich dokumentieren und zu ihren Empfindungen und Reaktionen ein schriftliches Feedback abgeben.

Beobachtetes	Empfindungen dabei	Reaktionen darauf

Feedback-Brief

Zwei KollegInnen schreiben sich gegenseitig je einen Brief, der ein Feedback beinhaltet. Auch hierbei kann vorab um die Berücksichtigung bestimmter Inhalte gebeten werden.

Ampel-Methode

Ein Team-Mitglied erstellt für ein anderes Team-Mitglied ein schriftliches Feedback. Dazu schreibt es

- auf die Vorderseite einer grünen Moderationskarte das, was es bei der KollegIn als angenehm empfindet,

- auf die Rückseite der grünen Moderationskarte das, was seitens der KollegIn bei ihm angenehme Reaktionen auslöst,

- auf die Vorderseite einer roten Moderationskarte das, was es bei der KollegIn als unangenehm empfindet und

- auf die Rückseite der roten Moderationskarte das, was seitens der KollegIn bei ihm unangenehme Reaktionen auslöst.

noch: Feedbackmethoden im Kollegenkreis

Anonymes schriftliches Feedback

Jedes Team-Mitglied schreibt auf eine große runde Präsentationskarte seinen Namen.

Alle Präsentationskarten haben dieselbe Farbe und werden nach der Namensbeschriftung von einem Team-Mitglied eingesammelt.

Dann zieht jede MitarbeiterIn eine Präsentationskarte und verfasst für die KollegIn, deren Namen darauf steht, ein schriftliches Feedback.

Dieses Feedback kann entweder ohne Vorgaben oder mit vorgegebenen Inhalten sein.

Supervisionen

Supervision ist eine professionelle und ressourcenorientierte Methode in der beruflichen Praxis, die es den Team-Mitgliedern beispielsweise ermöglicht,

- die gemeinsame Arbeit in ihren Zusammenhängen reflektierend zu betrachten,

- Aufgaben, Probleme und Konflikte transparent zu machen,

- Auslöser und Hintergründe herauszufinden,

- Zusammenhänge zu verstehen,

- neue Sichtweisen und Empfindungen zu ermöglichen,

- eigene Anteile aufzudecken,

- Handlungsmöglichkeiten zu entwickeln, konkretisieren, verstärken oder erweitern,

- alltagstaugliche Alternativen zu entwickeln,

- umsetzbare Lösungswege aufzustellen und auf den Berufsalltag zu übertragen,

- Strategien zur Konfliktlösung zu entwickeln,

- die Kommunikation zu fördern,

- die Arbeitsqualität und -zufriedenheit zu erhöhen,

- teambezogene sowie weitere Themen intensiv zu behandeln und

- lösungsorientiert zu arbeiten.

SupervisorIn von außerhalb

Das Charakteristische an einer Supervision ist, dass eine SupervisorIn von außen kommt, also nicht in der Einrichtung arbeitet und somit nicht in die Struktur und die Zusammenarbeit mit den Team-Mitgliedern involviert ist. Dies ermöglicht eine sachlich-distanzierte Betrachtung und eine objektive Moderation der Gespräche.

Supervision ist geeignet für

- einzelne Team-Mitglieder,

- zwei oder mehrere Team-Mitglieder, die an einem Thema arbeiten möchten,

- Gruppen- oder Klein-Teams und

- Groß-Teams

Je nach Bedarf können einzelne Termine oder regelmäßige Termine angesetzt werden.

Fortbildungen

Fortbildungen ermöglichen es den Team-Mitgliedern,

- vorhandenes Wissen aufzufrischen,

- neues Wissen hinzuzugewinnen,

- praktische Anregungen zu erhalten,

- sich mit anderen Fachleuten auszutauschen,

- das eigene fachliche Handeln zu hinterfragen und aktualisieren sowie

- sich einen Motivationsschub zu holen.

Deshalb ist es wichtig, regelmäßig an Fortbildungen teilzunehmen.

Fortbildungsformen

Es kann zwischen zwei Arten von Fortbildungen unterschieden werden:

- öffentliche Fortbildungen, die von Bildungsträgern angeboten werden und an denen Fachleute verschiedener (pädagogischer) Einrichtungen teilnehmen

- Team-Fortbildungen, die speziell für die Mitglieder eines Teams veranstaltet werden und meist in der eigenen Einrichtung stattfinden

Bei der Teilnahme an einer öffentlichen Fortbildung kann jedes Team-Mitglied sich genau die passende Fortbildung aussuchen. Zudem besteht die Gelegenheit, sich mit Fachleuten anderer Einrichtungen auszutauschen.

Inhouse-Fortbildungen haben die Vorteile, dass alle Team-Mitglieder denselben Input erhalten, die Inhalte bei der Fortbildung miteinander erarbeitet werden und dann in die Praxis einfließen.

Fortbildungsinhalte an Team-KollegInnen vermitteln

Hat ein Team-Mitglied eine öffentliche Fortbildung besucht, ist es dem Team-, Kooperations- und Austauschgedanken entsprechend, wenn es das dabei Gelernte und Erfahrene dann dem Team vermittelt. Dabei handelt es sich um eine Form des Team-Teachings.

Es ist jeweils zu entscheiden, ob die Inhalte der Fortbildung für das Gesamt-Team, das Gruppen-Team oder für einzelne Team-Mitglieder relevant sind. Dementsprechend wird die Gruppe derer zusammengestellt, die bei der Vermittlung anwesend sind.

Die Präsentation der Inhalte und Erkenntnisse aus einer Fortbildung kann methodisch vielfältig gestaltet werden, z. B.

- in Form eines Kurzvortrags,

- mittels einer Powerpoint-Präsentation,

- mit Plakaten zur Visualisierung,

- mit einem Handout zum Mitlesen,

- unter Einbezug eines (Fach-)Films, der bei der Fortbildung gezeigt wurde,

- Materialien einsetzend, die bei der Fortbildung vorgestellt wurden,

- Fach- und Bilder- bzw. Kinder- und Jugendbücher vorstellend,

- Spiele und Übungen durchführend oder

- mit einer Frage-Runde.

Nachwort

Ich wünsche Ihnen viel Freude und Erfolg dabei, die vorgestellten Methoden umzusetzen. Betrachten Sie es immer als das Ausprobieren einer Möglichkeit, wobei Sie feststellen können, welche Methoden für Ihr Team besonders gut geeignet sind. Lassen Sie dabei auch Ihrer Kreativität freien Lauf, um die Methoden individuell abzuwandeln und um neue zu entwickeln.

Herzliche Grüße und die besten Wünsche
Gabriele Hertlein
www.hertlein-bildung.de

Weiterführende Literatur

Berckhan, Barbara: Die etwas intelligentere Art, sich gegen dumme Sprüche zu wehren. Kösel Verlag. München 1999

Bucay, Jorge: Komm, ich erzähl dir eine Geschichte. Fischer Verlag. Frankfurt/Main 2008

Edmüller, Andreas/Wilhelm, Thomas: Moderation. STS-Verlag. Planegg 1999

Fialka, Viva: Wie Sie Ihre Zeit optimal nutzen. Zeitmanagement. kindergarten heute. basiswissen kita management. Herder Verlag. Freiburg 2011

Fialka, Viva: Wie Sie mit Konflikten souverän umgehen. Leitbild- und Profilentwicklung. kindergarten heute. basiswissen kitamanagement. Herder Verlag. Freiburg 2011

Fialka, Viva: Wie Sie Ihr Profil entwickeln und nach außen tragen. Konfliktmanagement. kindergarten heute. management kompakt. Herder Verlag. Freiburg 2012

Fialka, Viva: Wie Sie mit Veränderungen umgehen und sie mit dem Team gestalten. Change-Management. kindergarten heute. management kompakt. Herder Verlag. Freiburg 2012

Gäde, Ernst-Georg/Lisiting, Silke: Sitzungen effektiv leiten und kreativ gestalten. Matthias-Grünewald-Verlag. Mainz 2001

Hartmann, Martin/Funk, Rüdiger/Arnold, Christian: Gekonnt moderieren. Beltz Verlag. Basel 2000

Havener, Thorsten: Denk doch, was du willst. Die Freiheit der Gedanken. Wunderlich Verlag. Reinbek bei Hamburg 2011

Herrmann, Mathias/Weber, Kurt: Erfolgreiche Methoden für die Team- und Elternarbeit. kindergarten heute. basiswissen kita. Herder Verlag. Freiburg 2010

Huth, Anne: Gesprächskultur im Team. Klein & groß Praxis Express. Beltz Verlag. Weinheim 2006

Kronberger Kreis für Qualitätsentwicklung in Kindertageseinrichtungen (Hrsg.): Qualität im Dialog entwickeln. Wie Kindertageseinrichtungen besser werden. Kallmeyer. Seeze 1998

Kelch, Gabriele/Groot-Wilken, Bernd: Teamkonflikte gemeinsam lösen. Fallbeispiele aus der Kita mit praktischen Lösungshilfen. Beltz Verlag. Weinheim 2009

Maaß, Evelyne/Ritschel, Karsten: Teamgeist. Spiele und Übungen für die Teamentwicklung. Junfermann Verlag. Paderborn 2008

Perle, Udo: Arbeiten im Team. Katzmann Verlag. Tübingen 1988

Rosenberger, Marshall: Gewaltfreie Kommunikation. Eine Sprache des Lebens. Junfermann Verlag. Paderborn 2012

Schlummer, Bärbel/Schlummer, Werner: Erfolgreiche Konzeptionsentwicklung in Kindertagesstätten. Ernst Reinhardt Verlag. München 2003

Schulz von Thun, Friedemann: Miteinander reden 1. Störungen und Klärungen. Allgemeine Psychologie der Kommunikation. rororo. Reinbek bei Hamburg 2014

Tschepp, Christian: Rock Your SchweineHund. Präsentation, Vortrag, freie Rede vor 2 bis 2000 Menschen. Junfermann Verlag. Paderborn 2005

Weinberger, Sabine: Klientenzentrierte Gesprächsführung. Eine Lern- und Praxisanleitung für helfende Berufe. Beltz Verlag. Weinheim 1998

Stichwortverzeichnis